Petra Führmann · Iris Franzke

ZWEI HUNDE – DOPPELTE FREUDE

KOSMOS

Hundetreffen! Schön, wenn die Verständigung so gut klappt.

Gemeinsame Spaziergänge zu dritt.

ZUM GELEIT

Es war lange überfällig, dieses wichtige Thema der Mehrhundehaltung aufzugreifen und daraus einen wichtigen Ratgeber zu machen. In sehr anschaulicher Weise und darüber hinaus noch leicht verständlich ist dieses meinen Kolleginnen Petra Führmann und Iris Franzke gelungen. Wieder einmal haben sie es geschafft, ein Buch zu veröffentlichen, das keine Fragen unbeantwortet lässt und auch vor schwierigen oder sehr sensiblen Analysen nicht halt macht. Ein echter Fundus für alle, die vor der Entscheidung stehen, ein weiteres Mitglied in ihrem „Rudel" aufzunehmen oder sich gar erstmalig damit beschäftigen, aus ihrem „Solo-Hunderudel" ein „Duo"-, oder „noch-mehr-Rudel" zu machen. Kurzum, ein konstruktiver Begleiter auf dem Weg zum harmonischen Miteinander von zwei oder mehr Hunden. Für mich ist nichts interessanter als mit mehreren Hunden gemeinsam zu leben und ihnen bei ihrem täglichen Miteinander zuzuschauen. Die zahlreichen praktischen Beispiele klären den Leser eindrucksvoll über die möglichen Probleme, deren Ursachen aber auch über die erfolgreichen Lösungen auf. Auch auf die Auswahl des Zweithundes und die Erziehung wird intensiv eingegangen.

Mit etwas Übung zum Dream-Team

Dieses Buch ist ein absolutes Muss für alle, die bereits Mehr-Hunde-Halter sind oder es werden möchten. Ihnen Allen wünsche ich viel Leselust und allzeit ein entspanntes Miteinander mit Ihren Vierbeinern.

Ihre Perdita Lübbe Scheuermann
Hunde-Akademie Darmstadt

WIEDERHOLUNG ODER DIE KONZENTRATION AUF NEUES

Aus unserer Hundeschule stammen inzwischen mehrere Bücher, die alle im Kosmos-Verlag erschienen sind:

- **Das Kosmos-Erziehungsprogramm für Hunde (Buch und Video)**
- **Erziehungsspiele für Hunde**
- **Erziehungsprobleme beim Hund**

Mit jedem weiteren Buch stehen wir allerdings vor einem Dilemma: Sollen wir in diesem Buch die notwendigen Punkte wiederholen oder auf unsere früheren Bücher aufbauen? Gerade bei der Haltung von zwei Hunden ist eine gute Grundausbildung des einzelnen Hundes Voraussetzung für gutes Gelingen. Hier jedoch ausführlich auf jeden Erziehungsschritt einzugehen, ist nicht möglich.

Wir haben uns daher dafür entschieden, in diesem Buch das Wissen zu vermitteln, das man speziell für die Haltung von zwei Hunden benötigt.

Petra Führmann und Iris Franzke mit ihren Hunden

RANGORDNUNG

RANGORDNUNG IM HUNDERUDEL

Hundeverhalten

Der für uns faszinierendste Aspekt an der Haltung eines „Rudels" ist die Möglichkeit, sich, praktisch wann immer man Zeit hat, als Hobbyethologe zu betätigen. (Die Ethologie ist die Lehre vom Verhalten der Tiere.) Hier gleich ein kleiner Einschub: Streng genommen, d. h. wissenschaftlich betrachtet, dürften wir das Zusammenleben einer Mensch-Hund-Gruppe nicht als „Rudel" bezeichnen, da damit eine gewachsene Gruppe von Tieren gemeint ist. Im normalen Sprachgebrauch jedoch ist der Ausdruck völlig üblich, und dieses Buch richtet sich ja an Hundehalter und nicht an Wissenschaftler.
Diese wundervolle Bereicherung des Zusammenlebens mit Hunden stellt jedoch den Hundefreund vor weitaus größere Herausforderungen in puncto „Hundeverstand" und Erziehungsgeschick als das Halten „nur" eines Hundes.
Wenn man mehrere Hunde hält oder halten möchte, kommt man also um ein wenig Grundwissen in Sachen Hundeverhalten nicht herum.
Einer der wichtigsten Punkte ist die Rangordnung!

Der Junghund zeigt durch Maulwinkellecken unterwürfiges Begrüßungsverhalten.

Warum bilden Tiere eine Rangordnung?

Zusammenleben in der Gruppe

Eine Rangordnung oder Hierarchie wird von den meisten in Gruppen oder Herden lebenden Tieren aufgestellt. Häufig hört man die Meinung, die Rangordnung diene dazu, dass die ranghöchsten Tiere ein möglichst angenehmes und sorgenfreies Leben führen können. Dies trifft die wirklichen Gründe höchstens teilweise. In allererster Linie dient eine stabile Rangordnung dem möglichst reibungslosen und damit kräfteschonenden Zusammenleben aller Gruppenmitglieder. Wildtiere können es sich nicht leisten, jede Kleinigkeit immer und immer wieder auszudiskutieren – von der Verletzungsgefahr einmal ganz abgesehen. Je stabiler die Rangordnung also ist, desto friedlicher geht es im Rudel oder in der Herde zu. Damit kommen die Vorteile eines Rudels oder einer Herde allen Rudelmitgliedern zugute. Bei Raubtieren ist dies beispielsweise die Möglichkeit der gemeinsamen Jagd, bei Pflanzenfressern der Schutz, den eine große Gruppe bietet, sowie die erhöhte Wachsamkeit durch viele „Aufpasser".

Eine stabile Rangordnung in der Hundegruppe ermöglicht ein stressfreies Zusammenleben.

Interessant: „Jungspund" Zeppo (Langhaarschäfer) muss ein wenig Abstand zu den älteren Rüden halten.

Fortpflanzung

Daneben bieten sich in vielen Fällen, beispielsweise bei einigen Wildhundearten, für die ranghohen Rudelmitglieder noch weitere Vorteile. So dürfen sich in der Regel nur die ranghöchsten Rudelmitglieder fortpflanzen und damit ihre Gene an die Nachkommen weitergeben. Auch wenn dies auf unsere Haushunde nicht mehr zutrifft, streben sie trotzdem häufig danach, eine bessere Position in der Hierarchie zu erreichen.

JEDER HUND IST EIN INDIVIDUUM

Wölfe und Hunde verfügen über ein äußerst komplexes Sozialverhalten, das in gewissen Grenzen auch eine sehr flexible Gestaltung des Zusammenlebens und der Kommunikation zulässt. Alle Beschreibungen und „Regeln" in diesem Buch sind – wie in allen Büchern – daher nur pauschale Vorschläge, die bei einem Großteil aller Hunde funktionieren. Alle Möglichkeiten und alle Hunde können wir nicht in einem Buch erläutern – wir müssten für jeden Hund ein eigenes schreiben.

Aufbau eines Rudels

Unter Hunden ist die Rangordnung in der Regel nicht linear aufgebaut. Das bedeutet, dass im Hunderudel nicht Platz eins bis zehn vergeben und diese Hierarchie dann immer und in jeder Situation befolgt wird. Häufig stellt das älteste Pärchen den Alpharüden und die Alphahündin. Es folgen die übrigen Rudelmitglieder, bei denen es sich unter natürlichen Umständen um Nachkommen, d. h. Familienmitglieder, handelt. Die jeweiligen Welpen stehen ein wenig außerhalb dieser Rangordnung und dürfen sich viel, aber beileibe nicht alles erlauben.

Alte und junge Hunde haben unterschiedliche Bedürfnisse, auf die man individuell eingehen muss.

Respektvolle Annäherung des Chihuahuas Mücke an die alte Dame Mara.

Neben dieser „normalen" Rudelform gibt es natürlich auch noch andere Gruppen, deren Zusammensetzung sich beispielsweise häufig ändert (z. B. bei Straßenhunden). Hier können die hierarchischen Verhältnisse ganz anders aussehen.

Umgang mit alten Tieren

Der Umgang mit besonders alten Tieren kann völlig gegensätzlich sein: In manchen Gruppen werden auch alte Tiere noch lange Zeit geduldet und selbst während einer Krankheit mit verpflegt, in anderen jedoch wird ein alter Hund beim ersten Anzeichen von Schwäche gnadenlos aus der Gruppe gemobbt. „Gnadenlos" ist natürlich eine rein menschliche Betrachtung – Hunde sind zu einer derartigen moralischen Interpretation ihres Verhaltens nicht fähig!

DAS MENSCH-HUND-RUDEL

Soziale Sicherheit

Im kombinierten Mensch-Hund-Rudel wenden Hunde ihre Vorstellungen von einem geordneten Zusammenleben ebenfalls an, in erster Linie selbstverständlich untereinander. Aber auch alle anderen Familienmitglieder, d. h. auch Menschen, werden „einsortiert". Dorit Feddersen-Petersen schreibt hierzu in ihrem wundervollen Standardwerk „Hundepsychologie" (2004): „Schließlich sind Hunde mehr oder weniger statusbewusst oder rangordnungsbewusst. Sie erwarten die Einfügung in ihre soziale Gruppe. Diese Prozesse sind als Fundament sozialer Sicherheit für das soziale Lebewesen Hund anzusehen. Von diesem Fundament aus kann es sich dann flexibel und angstfrei entwickeln."

Einmischung in die Rangordnung

Bei der Mehrhundehaltung ist es sehr wichtig, dass der Mensch nicht unabsichtlich falsch in die Rangordnung eingreift, da dies in den meisten Fällen zu Problemen führt. Beispielsweise wäre es völlig falsch, den rangniedrigsten Hund in der Gruppe häufig den anderen Hunden gegenüber zu bevorzugen. Dies löst bei den ranghöheren Hunden oft das Bedürfnis aus, den anderen wieder unterzuordnen. Der Rangniedrigere hingegen wittert vielleicht durch die Bevorzugung seines Menschen die Möglichkeit, sich in der Rangordnung nach oben zu arbeiten. Beides führt unter Umständen zu vermehrten Auseinandersetzungen.
In anderen Fällen wiederum kann es notwendig werden, sich regulierend einzumischen, um das Verhältnis der Hunde untereinander zu festigen.

Bei der Mehrhundehaltung ist es wichtig, dass man nicht falsch in die Rangordnung eingreift.

TIPP
So erkennt man, welcher Hund der ranghöchste ist:
- **Wer bewegt wen?**
- **Wer kann wen einschränken?**

Dazu muss man jedoch erst einmal feststellen können, wie die Rangordnung unter Hunden gebildet und wie sie ausgedrückt wird. Keinesfalls ist es so eindeutig, dass der Rangniedrige häufig unterdrückt wird. Meist läuft die Kommunikation wesentlich subtiler ab.
Wenn man als Mensch die Rangordnung von Hunden feststellen möchte, hat man es also nicht immer leicht. Nur selten bietet sich ein eindeutiges Bild.

Dominanz

Eines der meistgebrauchten Wörter unter Hundehaltern ist „Dominanz“. Die Verwendung des Begriffes „Dominanz“ als Nomen (Substantiv, Hauptwort) ist in Bezug auf Hunde mehr als irreführend und sollte unserer Meinung nach unterbleiben. Dominant kann man nur sein, wenn ein Gegenüber vorhanden ist, das sich auch dominieren lässt. Es ist daher kaum möglich, immer und überall „dominant“ zu sein.
Was jedoch unter Hunden täglich passiert, ist, dass Hund A Hund B in einer bestimmten Situation dominiert. Eine solche Einzelbeobachtung sagt jedoch noch fast gar nichts über die Rangordnung dieser beiden Hunde aus.
Es kann durchaus sein, das Hund A beim Fressen Hund B dominiert, jedoch beim Belegen von attraktiven Ruheplätzen den Kürzeren zieht.

Beispiel 1: Hund A liegt im Türrahmen und versperrt Hund B, der das Zimmer verlassen möchte, den Weg. Wenn Hund A nun einfach liegen bleibt und Hund B wieder umkehrt, dann war Hund A in dieser Situation dominant.

Beispiel 2: Ist Hund B in diesem Falle dominant, muss er sich nur kurz vor Hund A stellen und dieser wird sofort aufstehen und den Weg freigeben.

Border Collie Shean imponiert mit einem Stöckchen.

Beispiel 3: Sie werfen ein Spielzeug und beide Hunde rennen hinterher. Wenn beide Hunde gleich gute Chancen und ein gleich starkes Interesse haben, das Spielzeug zu erreichen, und einer dem anderen den Vortritt lässt, können Sie davon ausgehen, dass der „Sieger" der Ranghöhere ist.

Beispiel 4: Hund A kann Hund B jederzeit einen Knochen oder ein Spielzeug streitig machen.

Keinesfalls können Sie davon ausgehen, dass Sie nach Beobachtung nur einer der beschriebenen Situationen die Rangordnung schon zweifelsfrei beurteilen können. Vielleicht will Hund B im Beispiel 1 gar nicht wirklich zur Tür hinaus, sondern hat sich kurzfristig entschlossen, sich doch wieder hinzulegen. In Beispiel 2 will Hund A möglicherweise gerade sowieso aufstehen und weggehen. In Beispiel 3 hat der „Verlierer" eventuell gar kein Interesse an dem Spielzeug, sondern nur Spaß am Wettrennen mit seinem Kumpel. In Beispiel 4 hat Hund B vielleicht kein so großes Interesse an Futter oder Spielzeug und deswegen kein Problem damit, es Hund A zu überlassen.

Vorschnelle Urteile

Hüten Sie sich also davor, vorschnelle Urteile zu fällen. Viele unserer Hunde haben gar kein so großes Interesse daran, die Rangordnung ständig und immer zu demonstrieren. Um sich ein Bild zu machen, sind viele Beobachtungen in möglichst vielen verschiedenen Situationen notwendig. Sehr hilfreich sind dabei Videoaufnahmen, die man in Ruhe betrachten kann.

REGELN DER RANGORDNUNG

Obwohl unsere Hunde in der Regel nicht mehr in einer gewachsenen Familienhundegruppe leben, halten sie sich doch meistens an die Regeln ihrer „wilden" Artgenossen. Ranghöher ist (Ausnahmen bestätigen die Regel):

- **Hündin vor Rüde,**
- **älter vor jünger,**
- **Ersthund vor Zweithund (vorausgesetzt, Regel 1 und 2 passen dazu – wenn Sie beispielsweise zu Ihrem sechs Monate alten Jungrüden eine vierjährige Hündin dazuholen, wird der Rüde kaum ranghöher bleiben).**

Kann ich mit der Rangordnung leben?

Wenn wir unseren Hund glücklich mit einem anderen Vierbeiner über die Wiese tollen sehen, ist der Wunsch nach einem Zweithund verständlich. Sie müssen sich jedoch darüber im Klaren sein, dass es für ein friedliches Zusammenleben sehr wichtig ist, eine stabile Rangordnung

Shean (l.) und Jordy (r.) warten beide auf ein Leckerchen.

zwischen den Hunden zu schaffen. Dies bedeutet häufig auch, dass Sie einen der beiden Hunde bevorzugen müssen. Fast nie können Sie alle Hunde „gleich“ behandeln. In unserer langjährigen Praxis als Hundeerzieherinnen hat dieser Versuch in den meisten Fällen zu erbitterten Auseinandersetzungen zwischen den Hunden geführt.
Für unsere Hunde ist es kein Problem, wenn sie unterschiedlich behandelt werden. Das entspricht ihrem Naturell und führt keinesfalls zu Minderwertigkeitskomplexen oder Depressionen.
Aber halten Sie es aus, wenn sich nach einigen Monaten herausstellt, dass Ihr geliebter Ersthund vom Neuankömmling gnadenlos auf Platz zwei verwiesen wird?

Beispiel Spaziergang

Stellen Sie sich bitte folgende Situation vor: Sie möchten zum Spaziergang aufbrechen und beide Hunde springen erfreut um Sie herum. Ihr Ersthund hüpft an der Tür auf und ab und kann es kaum erwarten, bis es losgeht. Doch Ihr Zweithund, der sich in den letzten Wochen als ranghöher erwiesen hat, stürzt sich auf ihn und macht ihm mit einem heftigen Schnauzbiss den Platz an der Tür streitig. Ihr Ersthund weicht mit angelegten Ohren und unterwürfig eingezogenem Schwanz ein paar Schritte zurück und räumt das Feld. Sich hier einzumischen wäre grundfalsch. Können Sie das ertragen? Falls Sie diese Frage nicht mit Ja beantworten können, sollten Sie entweder von dem Wunsch nach einem Zweithund Abstand nehmen oder zumindest versuchen, dem Traumpaar (siehe Seite 47) so nah wie möglich zu kommen.

Shean erhält sein Leckerchen zuerst, da er der Ranghöhere ist.

Beschäftigt man sich mit einem der Hunde, darf sich der andere nicht dazwischendrängeln. Er kann ruhig einmal im Körbchen warten.

Was kann und muss ich als Mensch beachten?

Wie bereits erwähnt, dürfen Sie Ihre Hunde keinesfalls „gleich" behandeln, sondern der ranghöhere Hund sollte bevorzugt werden. Das bedeutet:

- Er wird zuerst begrüßt und erhält generell etwas mehr Aufmerksamkeit.
- Er wird zuerst gefüttert.
- Mit ihm wird zuerst und zuletzt trainiert, gespielt, geschmust.

Wichtig für Hunde sind in diesem Zusammenhang Ressourcen wie Futter, bevorzugte Liegeplätze etc. oder statusanzeigende Aktionen, wie z. B.: „Wer kann wen wovon abhalten?"
Ist das Verhältnis zwischen den Hunden ein wenig kritisch, sollten Sie zusätzlich den ranghöheren Hund auch noch zum Schluss der jeweiligen Aktion bevorzugen.

Beispiel Begrüßung

Sie kommen nach Hause und begrüßen den ranghöchsten Hund zuerst. Danach widmen Sie sich dem zweiten Hund und zum Schluss nochmals kurz dem ersten. Ansonsten kann es passieren, dass Sie zwar den ranghöchsten bevorzugen, der rangniedrigere aber zum Schluss noch vom ranghöheren Hund gemaßregelt wird, weil er von Ihnen Aufmerksamkeit erhalten hat. Dies vermeiden Sie, wenn Sie zum Schluss den ranghöchsten noch einmal kurz streicheln (oder z. B. mit ihm etwas geübt oder gespielt wird).

EIN FALL AUS DER PRAXIS
ZUSAMMENLEBEN DREIER HÜNDINNEN

Familie Schäfer nahm die beiden Zwergschnauzerhündinnen Lea und Kari bereits als Welpen zu sich. Lea war von Geburt an taub, kam aber in der Welpenspielgruppe hervorragend zurecht. Kari jedoch zeigte sich von Anfang an sehr ängstlich und schnappte nach jedem Welpen, der ihr zu nahe kam. Leider wurde die Welpenspielgruppe nicht sehr professionell geführt und auf Karis Problem in keiner Weise eingegangen. Ausgestattet mit dem typischen Schnauzertemperament sammelte Kari bald Erfolgserlebnisse mit ihrem „Ich beiß dich weg, bevor du mir zu nahe kommst!" und wurde immer „giftiger". Zu Hause kamen die Schwestern sehr gut miteinander aus und auch bei Spaziergängen gab es keine großen Probleme. Die erste Läufigkeit im Alter von sechs Monaten gestaltete sich ebenfalls problemlos.

Der Rückruf sollte gut funktionieren, bevor man sich einen weiteren Hund ins Haus holt.

Kurz nach dem ersten Geburtstag der beiden Hündinnen zog noch eine dritte Schnauzerhündin namens Tara ein. Tara ordnete sich von Anfang an den beiden älteren Schwestern problemlos unter. Nach einiger Zeit jedoch häuften sich die Auseinandersetzungen zwischen den beiden Älteren. Mal ging es um ein Spielzeug, mal um das Vorrecht, auf dem Sofa schlafen zu dürfen, oft jedoch rauften die beiden ohne erkennbaren Anlass. Schließlich ging Kari auch dazu über, im Auto angesichts von anderen Hunden auf der Straße eine wilde Attacke auf Lea und Tara zu starten.

Als die drei Mädels 18 Monate bzw. ein Jahr alt waren, eskalierte die Situation dermaßen, dass kaum eine Woche ohne eine wilde Beißerei zwischen den beiden Älteren verging. Das Ehepaar Schäfer kam mit den drei Hündinnen in unsere Hundeschule zu einem Beratungsgespräch. Schon während des ersten Gesprächs provozierte Kari Lea ständig, indem sie vor der liegenden Hündin auf und ab tänzelte, sie immer wieder anschubste und dabei leicht knurrte. Lea ignorierte dies lange und recht souverän. Aufgrund der Berichte der Hundehalter stuften wir Lea als ranghöher ein. Lea hatte grundsätzlich Vortritt bei Futter und bei geworfenem Spielzeug, auch wenn Kari regelmäßig versuchte, dies zu untergraben. Wir beschlossen, die Rangordnung wie folgt zu unterstützen: Zuerst Lea, dann Kari und schließlich Tara.

Aufstellung von Hausregeln

Kein Aufs-Bett-Springen mehr, Sofaaufenthalt gestrichen, striktes Ignorieren des Manipulationsverhaltens (das bedeutet, dass auf Forderungen – und seien sie auch noch so „lieb“ verpackt – seitens der Hunde nicht mehr eingegangen wird). Mehr Gehorsamstraining! Da der Grundgehorsam eigentlich schon recht gut war, konnten die Besitzer sofort dazu übergehen, Kari bei Provokationsversuchen auf ihren Platz zu schicken. Ebenso wurde nicht mehr geduldet, dass sich eine der Hündinnen dazwischendrängelte, wenn mit einer anderen gespielt oder geschmust wurde.

Diese einfachen Regeln führten dazu, dass es zu keiner Beißerei mehr kam! Häufig erscheint es Hundehaltern als sehr unlogisch, dass die Einhaltung der Hausstandsregeln so schnelle Erfolge bringen soll. Zu banal und zu weit von dem eigentlichen Problem entfernt kommt es wohl vielen vor.

Die Erklärung ist jedoch einfach: Wir befolgen mit der Aufstellung dieser Regeln lediglich die Grundsätze „Wer bewegt wen?“ und „Wer kann wen einschränken?“. Hunden sind diese Regeln so geläufig, dass sie meistens sofort anerkennen, dass die Rangordnung sich geändert hat. Natürlich suchen sie oft noch nach „Lücken“, aber die weitaus meisten von mehreren tausend Hunden, denen wir in unserer Hundeschule begegnen durften, reagierten (natürlich sinnbildlich gesprochen) wie folgt: „Endlich weiß der Mensch, was er will!“ Die wenigsten Hunde haben ein dauerhaftes Interesse daran, die Spitze der Rangordnung zu übernehmen, und geben das „Zepter“ bereitwillig, wenn nicht sogar erleichtert ab, da sie keine Verantwortung mehr tragen müssen. Vielen Hunden sieht man dies bereits nach wenigen Tagen am Gesichtsausdruck an: Sie wirken entspannter und gelassener!

Verhalten von Kari anderen Hunden gegenüber

Karis Verhalten gegenüber fremden Hunden beeinflussten diese Maßnahmen natürlich nicht. Sie wurde daher an einen leichten Maulkorb gewöhnt und besuchte neben dem Gehorsamstraining im Einzelunterricht auch unsere Spielgruppe. Die ersten beiden Besuche waren für alle Beteiligten sehr anstrengend. Das typische Schnauzertemperament ließ sie ihre Angst in erster Linie „nach vorn“ umsetzen, d. h., sie ging zum Angriff über. Kari war sehr gestresst und schnappte nach allen vorbeikommenden Hunden. Auch wenn dies bei ihr ein angstmotiviertes Verhalten war, galt es korrigierend einzugreifen. Wenn Kari schnappte und sogar Angriffstendenzen zeigte, wurde ihr dies mittels Stimme oder Besenstiel verwehrt. Das bedeutet natürlich nicht, dass sie mit dem Besenstiel geschlagen wurde, sondern die Stange wurde verwehrend vor sie gehalten, damit sie den anderen Hund nicht erreichen konnte. Bereits gegen Ende der zweiten Stunde konnte sie vorbeilaufende Hunde dulden und reagierte nur noch ängstlich/aggressiv, wenn sie direkt von vorn beschnuppert wurde. Im Laufe von einigen Wochen wurde sie deutlich gelassener und konnte auch einmal Nasenkontakt mit einem anderen Hund aufnehmen.

Regulierendes Eingreifen durch den Besitzer

Zu Hause kamen die drei Damen nach einigen Wochen gut miteinander aus, vorausgesetzt, sie erhielten nicht zu viel „Verwöhnaroma“ und die Menschen behielten die Oberhand.

Nach drei Monaten kam es zu einer erneuten Beißerei. Es ging um das Vorrecht, sich auf dem Bett der Besitzer aufzuhalten. Dieses Privileg war zwar gestrichen worden, aber die Tür stand in Abwesenheit der Hundehalter versehentlich offen und die Hundesitterin versäumte es, die Hunde rechtzeitig herunterzuschicken. Dies war der letzte Vorfall.

Aufgrund der schwierigen Konstellation (Wurfgeschwister, dritte Hündin mit wenig Altersabstand, heftiges Temperament der Hunde) wird es jedoch immer nötig sein, dass der Mensch regulierend eingreift und Streitereien schon im Ansatz unterbindet.

RANGORDNUNG UND DOMINANZ

Die Extreme der Hundeerziehung

In der Hundeszene macht sich in letzter Zeit ein merkwürdiger Trend breit: Bestimmte Wörter werden langsam, aber sicher zu „Unwörtern“ und mit der Benutzung derselben outet sich die Autorin oder Hundetrainerin im Handumdrehen als anscheinend hoffnungslos altmodische Anhängerin der Brutalofraktion. Die Dominanztheorie sei widerlegt, liest man allerorten. Was – bitte schön – ist denn die Dominanztheorie? In der gesamten fachlich fundierten Hundeliteratur, die uns bekannt ist, wird sie nicht erwähnt.
Ist damit der wirklich uralte Zopf gemeint, dass beispielsweise ein kauknochenverteidigender, knurrender fünf Monate alter Rocker „dominant“ ist oder alle ungehorsamen Hunde auf einmal zu Kopf- oder Alphahunden mutieren?

Dieses Spiel zwischen dem temperamentvollen Junghund und dem Kleinhund muss aufmerksam beobachtet werden, damit der Kleine nicht unter die „Füße“ kommt.

Sogar die Scheinträchtigkeit der Hündin sei ein Dominanzproblem, versicherte mir unlängst ein „Experte“. Ebenso der „Alphatrieb“, eine Bezeichnung, die es in der wissenschaftlichen Terminologie gar nicht gibt. Nun, diese „Zöpfe“ können wir getrost abschneiden und unter „Kurioses“ ablegen.

Hierarchie = Rangordnung

Ist es typisch deutsch, dass die öffentliche Meinung nun ins andere Extrem schlägt? Oder einfach nur menschlich? Auf einmal gibt es keine Dominanz mehr, es sei gar „verboten“, dieses Wort zu benutzen, wurde uns kürzlich auf einem Fortbildungsseminar vom Referenten mitgeteilt. Oder – besonders hübsch – in einem Internetforum konnte man lesen, dass Hunde „kein Rangordnungsbewusstsein gegenüber dem Menschen“ hätten, aber „natürlich sehr wohl hierarchisch strukturiert denken“ würden. Kleine Anmerkungen hierzu: „Hierarchie“ ist das griechische Wort für „Rangordnung“.

Trends in der Hundeerziehung

Sind Hunde etwa auf einmal keine Rudeltiere mehr, die eine möglichst stabile Rangordnung aufstellen? Selbstverständlich nicht. Aber es ist eben schick geworden, Hunden zu unterstellen, sie würden ihr komplexes, zwar bei weitem nicht so komplex wie bei ihren Stammvätern, den Wölfen, aber eben doch keinesfalls nur als simple Hackordnung ausgeprägtes Sozialverhalten dem Menschen gegenüber nicht zeigen. Damit fielen dann Standards in der Hundeerziehung wie Privilegienbeschneidung, Einschränkung von Ressourcen, Hausstandsregeln einfach weg. Sie sind nach Aussagen vieler Hundefreunde völlig unwichtig geworden. Begründet wird dies damit, dass Hunde Menschen eben als Menschen ansähen und nicht als Hunde.

WICHTIG

Wenn überall behauptet wird, dass wir als Menschen keinerlei Regeln mehr im Umgang mit unseren Hunden beachten sollen und unsere Hunde nur als Konditionierungsobjekte betrachtet werden, können wir uns damit nicht identifizieren.

Spiel oder Zurechtweisung?

Unsere Meinung hierzu

Wie wir in der Vorstellungswelt von Hunden erscheinen, wird beim derzeitigen Stand der Forschung erst einmal ein Rätsel bleiben. Wir können weder beweisen noch widerlegen, ob wir in den Augen der Hunde „Hunde", „Menschen" oder „seltsame Hunde" sind. Und im Grunde ist das auch überhaupt nicht wichtig, sondern in gewisser Weise Wortklauberei. Fakt ist, dass Hunde (sinnvolle Aufzucht vorausgesetzt) in ihrer Präge- und Sozialisierungsphase Menschen als Sozialpartner kennen lernen und diese damit als solche annehmen. Wir sind der festen Überzeugung, dass Hunde nicht in der Lage sind, philosophische Betrachtungen über das Wesen von Menschen und Hunden anzustellen, geschweige denn eine komplette Umstellung ihres Sozialverhaltens daraus zu folgern. Natürlich sind Hunde andererseits so flexibel, dass sie viele Regeln und Kommunikationsstrukturen, die sie im Umgang untereinander beachten, für den Menschen einfach außer Acht lassen können. Die wirklich wichtigen Regeln im Sinne einer funktionierenden Rangordnung jedoch beachten sie immer! Ganz kurz zusammengefasst lässt sich das auf die Aussage „Wer bewegt wen und/oder wer kann wen einschränken?" reduzieren.

So kann man nur mit einem Hundekumpel spielen!

Antiautoritäre Erziehung

Wenn Sie Ihr Zusammenleben mit Ihrem Hund unter diesem Gesichtspunkt betrachten, werden Sie eventuelle Schwachstellen schnell feststellen. Die allseits bekannten Hausstandsregeln, wie keine Zuweisung von erhöhten Liegeplätzen, Ignorieren von Manipulationsverhalten, wer isst wann, wer darf zuerst durch die Tür etc., sind natürlich nur pauschale Anhaltspunkte, die für jeden Hund individuell bewertet werden müssen.

Da wir uns keinesfalls einbilden, das Rad ständig neu erfinden zu müssen, möchten wir an dieser Stelle wieder Dorit Feddersen-Petersen (2004) zitieren:

„Interaktionen Mensch-Hund, die sofort, also unmittelbar einem nicht zu tolerierenden Verhalten des Kleinen oder bereits einer Intention dazu folgen, als negative Reize wirken und dem Welpen ermöglichen, dieses zu assoziieren, führen zu keiner Entfremdung, sondern schaffen klare soziale Beziehungen im Gruppengefüge. Natürlich schließt dieses nicht aus, dass Welpen, wie alle Tiere, über positive Verstärkung in entspannter Atmosphäre am besten lernen, dass sie problemlos nach lerntheoretischen Gesetzmäßigkeiten konditioniert werden können und auch sollten. Ein zeitgerechtes Bestrafen (Wegstoßen mit zischendem Laut o. Ä.) indes, bedeutet nicht selten den Beginn eines mühevollen Prozesses – und ist biologisch sinnvoll. Von einigen Autoren wird auch diese Art der Bestrafung als nicht dem neuesten Kenntnisstand entsprechend abgetan. Dem kann ich in dieser strikten Pauschalierung nicht folgen. Es ist nicht gleichgültig, wann mit der Erziehung des Junghundes begonnen wird. Man sollte es sofort tun, damit sich der Welpe von Anfang an in die gewünschte, zur Familie passende Position einfügt. Unerfahrene Tierbesitzer verschieben die Erziehung oftmals auf einen späteren Zeitpunkt, weil der Welpe noch so klein sei. Das ist sicherlich falsch. So lernt der heranwachsende Hund, dass und wie Menschen zu lenken sind. Erweist er sich als sozial explorativ, so kommt es (völlig unnötig) zu Rivalitäten um Dinge und Gegebenheiten des Soziallebens. Hunde streben in individuell unterschiedlicher Ausprägung höhere Ränge, verbunden mit größerem Handlungsspielraum an. So manch bissiger Hund wurde als Welpe antiautoritär erzogen."

Beginnen Sie sofort mit der Erziehung des Welpen.

Was ist Dominanz?

Im Grunde ist die gesamte Diskussion über Rangordnung und Dominanz überflüssig und in vielen Fällen auch nur Wortklauberei oder folgt Modetrends. Dominanz ist keine Charaktereigenschaft! Hunde können sich aber in bestimmten Situationen dominierend gegenüber Artgenossen und Menschen zeigen.

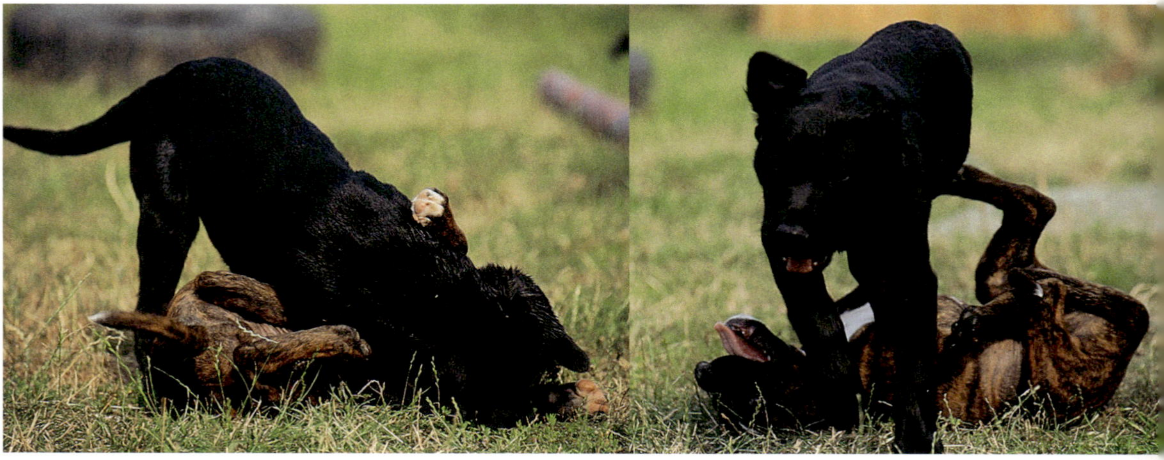

Verlieren will gelernt sein.

Dem gilt es ohne Brutalität sinnvoll zu begegnen. Früher (und leider auch heute noch in vielen Fällen) griff der Mensch in seiner Unwissenheit zu körperlicher Härte. Aber auch der heutige Trend mittels ausschließlich „positiver Bestärkung" und völliger Missachtung hundlicher Regeln geht am Wesen unserer Hunde völlig vorbei. Ausführlich, kompetent und wissenschaftlich abgesichert nachzulesen in „Hundespychologie" (2004). Wer sich auf wissenschaftlicher Ebene über den heutigen Stand des Wissens informieren möchte, kommt an diesem Buch nicht vorbei.

Gute Hundeerziehung ist in erster Linie artgerecht und vor allem für den Hund verständlich. So positiv wie möglich und so negativ wie nötig, individuell auf den jeweiligen Hund abgestimmt und für den dazugehörigen Menschen mach- und nachvollziehbar.

EIN FALL AUS DER PRAXIS
BRUDERLIEBE

Familie Kramer übernahm einen blonden und einen schwarzen Labradorwelpen mit acht Wochen vom Züchter. Zuerst ging alles gut und die Familie achtete sehr darauf, die beiden immer gleich zu behandeln, damit es keinen Streit gab. Im Alter von zehn Monaten kam es jedoch zwischen den beiden Labradorrüden zu den ersten kleineren Auseinandersetzungen. Meistens ging es dabei um Futter oder Spielzeug und die Familie achtete noch mehr darauf, die Rüden gleich zu behandeln und keinen zu bevorzugen. Einige Monate später jedoch kam es zu der ersten großen Auseinandersetzung.

Die Situation

Morpheus, der blonde, und Arthus, der schwarze Labrador, begannen den Tag mit der im Haushalt lebenden Großmutter damit, rechts und links von ihr im Bett liegend mit ihr ein Butterbrot zu teilen. Die alte Dame konnte noch recht genau rekonstruieren, wie es begann: Morpheus knurrte über sie hinweg in Richtung des anderen, woraufhin sie ihn tadelte und ihm einen leichten Klaps auf die Nase gab. Im gleichen Moment schoss Arthus über sie hinweg und die beiden Rüden prügelten sich im und neben dem Bett, bis die Besitzer, vom Lärm herbeigerufen, die beiden trennten. Beide hatten mehrere Bisswunden und mussten zum Tierarzt.

Die Familie trennte die Hunde innerhalb der Wohnung und versuchte erst nach einigen Tagen wieder eine „Zusammenführung". Arthus und Morpheus begrüßten sich wie immer und waren wieder ein Herz und eine Seele. Die Familie war erleichtert und ging zur Tagesordnung über. Leider beinhaltete die Tagesordnung nur sehr unregelmäßige, meist am Wochenende durchgeführte Spaziergänge mit den beiden temperamentvollen Jungrüden. Schließlich, so die Meinung der Besitzer, konnten die beiden stundenlang im großen Garten spielen. Leider sahen das die Hunde anders. Sie verbrachten die Zeit im Garten meistens damit, bellend am Zaun auf und ab zu rennen. Dabei gab es auch wieder erste kleinere Streitereien um das Vorrecht, wer an der besten Stelle vorn stehen und bellen durfte. (Die „beste" Stelle war in den Augen der Hunde das Eingangstor, durch das man am besten durchsehen konnte und das natürlich die wichtigste Stelle im Territorium darstellte).

Nach einigen Wochen kam es dann in folgender Situation wieder zu einer ernsthaften Beißerei: Arthus und Morpheus saßen rechts und links von der Großmutter am Fenster (auf eigens für sie aufgestellten Stühlen, damit sie gemeinsam mit ihr aus dem Fenster sehen konnten), als der Postbote stehen blieb und ein Gespräch begann. Morpheus knurrte ihn an und wurde im nächsten Moment von Arthus angegriffen. Fazit: Tierarztbesuch und Trennung der Hunde.

Betrachtung der Situation

Die beiden Rüden waren stark unterfordert, sowohl geistig als auch körperlich. Da bislang so gut wie keine Erziehung durchgeführt worden war, verliefen die kurzen Spaziergänge am Wochenende an der Leine. Während der Woche hielten sich die Rüden tagsüber entweder bei der Großmutter oder im Garten auf. Dort spielten sie zwar immer wieder mal, waren aber ansonsten hauptsächlich damit beschäftigt, Passanten anzubellen. Im Haus hatten die beiden Rüden sehr viele Privilegien und unterlagen kaum Einschränkungen. Es war den Besitzern weder möglich, die Hunde abzulegen noch wegzuschicken.

Aufgrund der vorherrschenden Verhältnisse war es den Rüden nicht möglich, eine Rangordnung zu etablieren. Ansätze dazu wurden von den Besitzern immer wieder durch die „Gleichbehandlung“ vereitelt. Hinzu kam, dass die Rüden stark unterfordert waren und sehr viel Energie und Zeit zur Verfügung hatten, um ihre „Machtspiele“ durchzuführen.

Unsere Empfehlungen an die Familie

- Gewöhnung beider Hunde an einen Maulkorb.
- Reduzierung des Futters (die Hunde waren stark übergewichtig).
- Da eine Rangordnung zwischen den beiden nicht erkennbar war, empfahlen wir die Kastration beider Rüden.
- Zuweisung fester Liegeplätze.
- Streichung erhöhter Aufenthaltsorte.

- Viel längere Spaziergänge mit täglichem Gehorsamstraining und mehr Beschäftigung (z. B. Futtersuchspiele). Dieser einfache Satz erforderte einen großen Zeitaufwand, da aufgrund der Unerzogenheit der Rüden jeder getrennt an der Schleppleine ausgeführt werden musste.
- „Raufenlassen" der beiden Rüden mit Maulkorb, damit die Hunde eine Einigung herbeiführen konnten.

Beim ersten Zusammentreffen der beiden Rüden mit Maulkorb waren wir anwesend. Es verlief recht kurz und unspektakulär und endete mit einem „Unentschieden". Die Aussichten für eine Klärung stand bei Arthus und Morpheus unserer Meinung nach sehr gut. Leider entschloss sich die Familie, unseren Empfehlungen nicht zu folgen. Zu „grausam" erschienen ihnen der Maulkorb und die Einhaltung aller Regeln sowie die Kastration, zu anstrengend waren ihnen die täglichen Spaziergänge. Nach einigen Wochen kam es zu einer weiteren ernsthaften Beißerei zwischen den beiden, und Morpheus wurde ins Tierheim abgeschoben.
Leider ist unser Beruf immer wieder frustrierend und es bleibt für uns unverständlich, wie man einerseits dem Hund keinen leichten Maulkorb zumuten will, andererseits aber keine Probleme damit hat, ihm den Stress eines Tierheimaufenthaltes und einer ungewissen Zukunft zuzumuten. Gerade bei Morpheus und Arthus standen die Chancen recht gut, da sie im Grunde sehr verträglich waren.

AUSWAHL UND VORBEREITUNG

SIND MEHRERE HUNDE GLÜCKLICHER?

Schon diese erste Frage lässt sich nicht eindeutig beantworten. Auch wenn unsere Hunde nicht mehr über das komplexe Sozialverhalten des Urahnen Wolf verfügen, sind sie doch noch in ihren Vorlieben und Eigenheiten sehr individuell und unterschiedlich in ihrem Verhalten.
Pauschal lässt sich sagen, dass die meisten Hunde sowohl als Einzelhund als auch im Mehrhunderudel sehr zufrieden leben können. Trotzdem sind wir der Meinung, dass viele Hunde noch glücklicher und zufriedener leben, wenn sie einen Hundekumpel an ihrer Seite haben.

Auch zwei Hunde lieben Abwechslung im Alltag – zum Beispiel mit kleinen Kunststückchen.

Vor- und Nachteile der Mehrhundehaltung

Vorteile für den Menschen

Es macht einfach Spaß, die eigenen Hunde beim gemeinsamen Toben und Spielen zu beobachten. Neben der einfachen Freude daran, hat man so ganz nebenbei Gelegenheit, Hundeverhalten zu studieren und immer wieder Neues zu entdecken und zu lernen. Abgesehen davon hat man als Hundehalter die beruhigende Gewissheit, dass die Hunde ausreichend Gelegenheit zu Sozialkontakt haben und ihr innerartliches Sozialverhalten ausleben können. Beschäftigen sich die Hunde bei gemeinsamen Spaziergängen untereinander, sind sie in der Regel mehr ausgelastet als durch einen Spaziergang als Einzelhund. Selbst wenn wenig gemeinsames Spiel stattfindet, kommunizieren die Hunde doch häufig miteinander.

Nachteile für den Menschen

Zu Beginn einer „Karriere“ als Mehrhundehalter muss man einen nicht zu unterschätzenden Mehraufwand an Zeit und Energie aufbringen, der zum überwiegenden Teil für Training und Erziehung des Neuankömmlings verwendet werden muss. Daneben ergibt sich natürlich auch ein finanzieller Mehraufwand. Insbesondere die Tierarztkosten – selbst wenn „nur“ die Kosten für Impfungen und Wurmkuren anfallen – steigern sich für zwei oder mehr Hunde erheblich.
Auch die Frage der Urlaubsbetreuung sollte bedacht werden. Sind Freunde oder Bekannte im Notfall bereit, auch zwei Hunde zu betreuen? Oder steht eine gute Hundepension zur Verfügung (für die natürlich wieder erhöhte Kosten anfallen)? Lässt sich die Frage der Urlaubsbetreuung mit etwas Geschick und Glück gut klären, stellt sich sofort das nächste Problem: Viele Alltagsgeschäfte gestalten sich mit zwei oder mehr Hunden deutlich umständlicher und schwieriger. Während man einen Hund zu jedem Einkaufsbummel oder Restaurantbesuch relativ problemlos mitnehmen kann, sieht dies mit zwei Hunden schon ganz anders aus. Für uns persönlich ist das übrigens der schwierigste Aspekt an der Haltung von mehreren Hunden. Handelt es sich nicht gerade um Kleinhunde, möchte man aus Rücksicht auf seine Umwelt meist nicht mit mehreren Hunden z. B. in ein Restaurant gehen. Nimmt man nur einen Hund mit, reduziert schon der verständnislose Blick des Zurückgelassnen die

Schäferhund Zeppo muss warten, während Aussie Shean den Dummy holen darf.

Freude an dem Restaurantbesuch erheblich. Wir haben dieses Dilemma einfach durch die Haltung mehrerer Hunde gelöst: Es darf uns immer einer reihum begleiten und die Zurückgebliebenen sind auch nicht allein (wobei gerade das Alleinbleiben eines einzelnen Hundes dringend geschult werden sollte, doch dazu später mehr, siehe S. 96).

Vorteile für die Hunde

Egal wie viel Mühe sich der Mensch auch gibt, er wird niemals so gut Fangen oder Raufen spielen können wie ein anderer Hund. Auch wenn Hunde durch die so genannte doppelte Prägung Menschen als vollwertige Sozialpartner betrachten, sind Hunde nun mal ihre natürlichen Artgenossen. Gemeinsam fühlt man sich stärker und auch das Warten auf den „Dosenöffner" ist gemeinsam oft leichter.

Faktor Zeit

Angenommen, Sie entscheiden sich für das Halten von zwei Hunden, die einer Arbeitsrasse angehören. Haben Sie wirklich täglich genügend Zeit, um jedem Hund genügend „Arbeit" zu bieten? Und wenn Sie genügend Zeit haben, haben Sie auch genügend Energie dafür?
Egal ob Fährte, Dummytraining, Agility oder Obedience: Für zwei Hunde brauchen Sie die doppelte Zeit! Lediglich bei Hunden, die Sie über ein erhöhtes Laufpensum zufrieden stellen können, lassen sich zwei Fliegen mit einer Klappe schlagen. Dies trifft z. B. zu, wenn Sie Ihre Hunde vor einen Trainingswagen, das Fahrrad oder den Roller spannen können.

Eine schwierige Übung für den jungen Zeppo, der hier auch versucht, aufzustehen.

EIGNET SICH MEIN HUND ZUM RUDELTIER?

Warum diese Frage? Schließlich weiß doch jeder, dass es sich bei Hunden um Rudeltiere handelt! Prinzipiell ist das natürlich richtig. *Canis lupus familiaris,* so der lateinische Name für unsere Haushunde, ist ein Rudeltier. Allerdings bedeutet das nicht automatisch, dass auch Ihr Hund glücklich und zufrieden ist, wenn er einen Hundefreund zur Seite bekommt.

Der Hund als Arbeitstier

Hunde wurden über Jahrtausende auf Arbeitsleistung hin gezüchtet.

Unsere Hunderassen, so wie wir Sie heute kennen, unterliegen seit mehreren tausend Jahren einer Selektion. Dabei wurde bei den meisten Hunden darauf geachtet, dass sie ihren Job gut erledigten. War das nicht der Fall, hatte es in der Regel einen frühen Tod des Hundes zur Folge. Kein Jäger, Schäfer oder Bauer konnte es sich damals leisten, einen nutzlosen Fresser durchzufüttern.

Selektiert wurde also hinsichtlich der Arbeitsleistung des jeweiligen Hundes. Nur bei sehr wenigen Rassen wurde bei der Zuchtauswahl darauf geachtet, ob sie mit ihresgleichen gut auskommen oder nicht. Dies war bei Rassen der Fall, die in der Meute zur Jagd verwendet wurden, wie z. B. der Beagle, oder die gemeinsam eine Arbeit erledigen mussten, wie z. B. Schlittenhunde. Beim überwiegenden Teil aller Arbeitshunde war ein zu freundliches Wesen gegenüber Artgenossen sogar unerwünscht: So sollte beispielsweise der Schäferhund die Herde auch gegenüber wildernden Hunden verteidigen.

Rüden und Hündinnen in vertrauter Eintracht – durch eine gute Sozialisierung ist dies möglich (v.l.n.r. Tonja, Morah, Li, Jordy, Gismo, Zeppo und Shean).

Zucht auf Schönheit

In den letzten Jahrzehnten wurde in weitaus geringerem Maße auf Arbeitsleistung, sondern vielmehr in Richtung Schönheit und Vorgaben des Rassenstandards gezüchtet. Welche Auswirkungen dies auf die Gesundheit und die Zukunft unserer Rassehunde hat, können Sie bei Hans Räber in „Hundezucht 2000“ nachlesen. Leider wird heutzutage in der Zucht kein besonderes Augenmerk auf Verträglichkeit und Sozialverhalten gelegt (von einigen Ausnahmen mit qualifizierten Wesenstests vor der Zuchtzulassung abgesehen).

Verträglichkeit

Daher kann man heute keinesfalls davon ausgehen, dass alle Hunde in der Lage sind, ein verträgliches Rudel zu bilden. Dorit Feddersen-Petersen (2004) schreibt hierzu: „Für die meisten bislang in Gruppen untersuchten Hunde wird sehr deutlich, dass die Mechanismen der Gruppe sie überfordern, mehr oder weniger ausgeprägte Stressoren bieten.“ Dies bezieht sich allerdings auf Gruppenhaltung ohne dazugehörigen, evtl. regulierend eingreifenden Menschen.

WICHTIG

Aus ethologischer Sicht bildet eine gemischte Mensch-Hund-Gruppe, bei der die Hunde in der Regel noch nicht einmal aus verwandten Tieren bestehen, kein Rudel, sondern stellt lediglich eine gemischte Gruppe dar. Dies nur zur Begriffsdefinition. Allerdings macht es für Sie als Hundehalter natürlich im täglichen Zusammenleben keinen Unterschied und auch den Hunden wird es egal sein.
Doch auch die gemeinsame Aufzucht von Wurfgeschwistern oder die Haltung von Hundeeltern mit ihren Kindern bietet keine Garantie für ein verträgliches Zusammensein.

Charakter des Ersthundes

Bevor Sie sich einen zweiten Hund anschaffen, sollten Sie einen kritischen Blick auf Ihren Ersthund werfen:

- Wie verträglich ist er generell?
- Kommt er mit allen anderen Hunden gut aus oder hat er bestimmte Vorlieben?

Mein Ersthund mag überhaupt keine anderen Hunde

Dies erschwert natürlich die Entscheidung. Wenn Sie alle möglichen Varianten, z. B. Rüde oder Hündin, Welpe oder Junghund, kastriert oder unkastriert, „getestet" haben und weit und breit auf keinen Hund getroffen sind, dem Ihr Hund freundlich gegenübertritt, sollten Sie sich wirklich gut überlegen, ob Sie das Risiko eingehen möchten. Es gehört sicher zu den schmerzlichsten Erfahrungen in der Hundehaltung, wenn man

„Wer bist denn du?"

einen Hund wieder abgeben muss. Andererseits muss man auch nicht gleich aufgeben.
Am besten suchen Sie sich eine professionelle Hundeschule, in der kontrollierte Spiel- und Raufergruppen angeboten werden. Erst wenn nach einigen Monaten des regelmäßigen Sozialkontaktes mit anderen geeigneten Hunden wirklich feststeht, dass Ihr Hund sich absolut nicht mit anderen Hunden vertragen möchte, sollten Sie den Wunsch nach einem zweiten Hund begraben.
Wenn Ihr Ersthund bei anderen Hunden nicht gerade in Jubel ausbricht und sie ignoriert, besteht jedoch noch Hoffnung: Wählen Sie das Traumpaar (siehe S. 47)!

Für Hunde ist der Kontakt zu Artgenossen wichtig, denn gemeinsam spielt es sich einfach besser.

ZWEI HUNDE IM DOPPELPACK

Sie sind sich sicher, dass Sie auf jeden Fall zwei oder mehrere Hunde halten möchten? Wir möchten nun an dieser Stelle erklären, warum es keine gute Idee ist, zwei Hunde auf einmal aufzunehmen. Dabei ist es unerheblich, ob es sich um Welpen oder schon erwachsene Hunde handelt.

Optimale Bindung und guter Gehorsam

Wenn man mit der Haltung mehrerer Hunde seinen Vierbeinern die Vorteile des Rudellebens verschaffen möchte, heißt das nicht, dass man als Mensch die Nachteile in Kauf nehmen muss. Jeder Hund soll trotzdem eine optimale Bindung an den Besitzer aufbauen und einen guten Gehorsam erreichen. Auch sollte man sich darüber im Klaren sein, dass mehrere Hunde leider auf viele Menschen angsteinflößender wirken als ein einzelner Hund.

WICHTIG

Wir sind der Meinung, dass jeder Hundebesitzer ein gutes Stück dazu beitragen kann, dass die öffentliche Meinung sich wieder „Pro Hund“ wandelt, indem er sich und seinen Hund als angenehmen und wohlerzogenen Begleiter präsentiert, der niemanden belästigt oder gar ängstigt. Der Satz „Der tut nix!“ sollte gar nicht erst fallen müssen!

Bis jeder Hund wirklich gut erzogen ist und sich die Bindung gefestigt hat, verstreichen in der Regel einige Monate. In dieser Zeit ist es notwendig, mit jedem Hund einzeln täglich mindestens einen Erziehungsspaziergang zu absolvieren. Handelt es sich um Welpen, muss man zusätzlich noch einen kleinen Ausflug zur Umweltsozialisierung unternehmen.

Sehr viel Zeit ist notwendig

Sowohl den Erziehungsspaziergang als auch den Sozialisierungsausflug muss man mit jedem Hund getrennt unternehmen. Auch wenn der zweite Hund in der Zwischenzeit das Alleinbleiben üben kann, entsteht dadurch ein nicht zu unterschätzender Zeitaufwand. Schließlich ist es damit nicht getan: Ein Erziehungsspaziergang am Tag reicht schließlich nicht aus, um das Laufbedürfnis der Hunde zu befriedigen. Da Sie während der Erziehungsarbeit in den ersten Monaten die Hunde nicht frei laufen lassen sollten, haben Sie bei den restlichen Spaziergängen entweder die Wahl, einen

Wurfgeschwister Flip und Mücke. Entscheiden Sie sich für Wurfgeschwister, kommt einiges an Zeit und Arbeit auf Sie zu!

gordischen Knoten mit zwei Schleppleinen zu knüpfen oder beide Hunde an einer kurzen Leine zu führen. Dies befriedigt jedoch in der Regel weder das Laufbedürfnis der Hunde, noch führt es zu einer zufrieden stellenden Leinenführigkeit. Einmal abgesehen vom Vergnügen des Menschen am Spaziergang. Möchte man alles richtig machen, bedeutet dies zunächst einen Fulltimejob.

Wesentlich sinnvoller ist es, erst einen Hund möglichst gut zu erziehen und den nächsten Vierbeiner dann nach ein bis zwei Jahren dazuzunehmen.

Gleichaltrige Hunde

Neben diesem Aspekt gibt es aber auch noch weitere Punkte zu bedenken, wenn man zwei gleichaltrige Hunde anschaffen möchte:
Handelt es sich um gleich alte und gleichgeschlechtliche Hunde, ist das Risiko, dass es zu Rangauseinandersetzungen kommt, deutlich erhöht.
Und was angesichts von zwei putzigen Welpen meist nicht bedacht wird: In einigen Jahren hat man zwei alte Hunde, die leider auch sterblich sind, und man muss sich vielleicht innerhalb von kurzer Zeit von beiden verabschieden. Möchte man vorher schon einen Nachfolger ins Haus holen, hat es der neue Hund möglicherweise sehr schwer, wenn er sich zwei alten Herrschaften gegenübersieht.

Wer ist schneller? Morah und Red laufen um die Wette.

Zwei erwachsene Hunde

Denken Sie hingegen an die Anschaffung von zwei erwachsenen Hunden, treffen natürlich alle Punkte hinsichtlich Zeitaufwand und Erziehungsarbeit ebenso zu. Und hat man nicht das außergewöhnliche Glück, zwei bereits sehr gut erzogene Hunde zu erwerben, erhöht sich in der Regel der Erziehungsaufwand noch, da es sich meist um ein gut eingespieltes Team handelt. Dies trifft natürlich nur zu, wenn die Hunde bereits vorher zusammengelebt haben.

RÜDE ODER HÜNDIN?

Rüde – Rüde

Bei dieser Kombination sollten Sie darauf achten, dass die Rüden einander nicht zu ähnlich sind. Dies betrifft einerseits den Charakter, andererseits auch die körperliche Stärke.

Kommt es bei diesen beiden Rüden zu Auseinandersetzungen, ist die Verletzungsgefahr groß.

Beispiele

Sie haben einen zweijährigen, sehr selbstbewussten Airedaleterrierrüden, der einer kleinen Rauferei auf der Hundewiese nie abgeneigt ist und keiner Provokation durch andere Rüden ausweicht.
Sehr riskant wäre es, zu diesem Ersthund einen weiteren ähnlich selbstbewussten Rüden hinzuzunehmen. „Ähnlich" bezieht sich natürlich nicht auf die äußere Gestalt (gleiche Farbe, gleiche Rasse), sondern auf den Charakter des Hundes. Außerdem sollte der Neuankömmling auf keinen Fall im gleichen Alter sein, da es das Risiko von Auseinandersetzungen steigert.

FOLGENDE KOMBINATIONEN SIND MÖGLICH

Rüde	–	Rüde	S. 39
Rüde	–	kastrierter Rüde	S. 42
Rüde	–	Hündin	S. 43
Hündin	–	kastrierter Rüde	S. 45
Rüde	–	kastrierte Hündin	S. 45
Hündin	–	Hündin	S. 45
Hündin	–	kastrierte Hündin	S. 46
Kastrierte Hündin	–	kastrierte Hündin	S. 46
Kastrierter Rüde	–	kastrierter Rüde	S. 46
Kastrierter Rüde	–	kastrierte Hündin	S. 46

WICHTIG

Wann immer wir in diesem Buch eine Rasse erwähnen, sollten Sie sich klar machen, dass Rassebeschreibungen zwar auf den größten Teil ihrer Mitglieder zutreffen, aber Ausnahmen wie so oft die Regel bestätigen. Und wenn Sie Pech haben, ist ausgerechnet Ihr sorgfältig ausgewählter Rassehund in allen Punkten hinsichtlich des Standards eine Ausnahme!

Soll es zu diesem Ersthund unbedingt ein Rüde sein, haben Sie verschiedene Möglichkeiten: Sie wählen einen sehr unterwürfigen Welpen einer Rasse, die für ihr verträgliches Wesen bekannt ist. Beispielsweise würden wir Ihnen keinesfalls einen weiteren Terrier empfehlen. Gut geeignet wären für unseren Airedale ein Mittelpudel, ein Sheltie oder ein Beagle, vorausgesetzt Sie wählen nicht den frechsten des Wurfes.
Warum in diesem Fall keinen weiteren Terrier? Der typische Terrier ist ein selbstbewusster, agiler Hund, der häufig keinem Streit aus dem Weg geht. Treffen zwei solche Dickköpfe aufeinander, kommt es sehr leicht zu vermehrten Auseinandersetzungen, die nicht immer geklärt werden können.

Möchten Sie jedoch einen erwachsenen Hund hinzunehmen, gibt es mehrere Möglichkeiten:

- Sie finden einen erwachsenen Hund, der Ihrem Ersthund im Alter zwar sehr ähnlich ist, aber sich bei anderen Rüden sofort und unmissverständlich unterordnet. Damit steht einer guten Freundschaft fast nichts mehr im Wege.
- Ihr Wunschkandidat ist ein deutlich älterer Rüde, der sich jedoch trotzdem sofort unterordnet. Auch dies hat gute Aussichten auf Erfolg.

- Sie haben im Tierheim Ihren Traumhund gefunden? Aber er ist älter und noch selbstbewusster als Ihr Ersthund? Bei dieser Konstellation muss man damit rechnen, dass es zu Auseinandersetzungen um die Vorrangstellung im Hunderudel kommt. Ist der Zweithund nicht zu alt und damit körperlich schon gehandicapt, kann es durchaus passieren, dass er dem Ersthund überlegen ist und damit die Rangordnung zu seinen Gunsten entscheidet. Überlegen Sie sich gut, ob Sie es ertragen können, Ihren Erstling entthront zu sehen.

Vorteile

In den meisten Fällen bilden zwei Rüden einen freundschaftlichen Junggesellenclub. Sie spielen meist sehr oft zusammen und haben viel Spaß miteinander.

Zwei völlig unterschiedliche Charaktere – Bobtail und West Highland White Terrier.

Nachteile

Falls Sie Gartenbesitzer sind, müssen Sie damit rechnen, dass jetzt noch häufiger markiert wird. Schließlich muss der eine unbedingt seinen „Kommentar" über die Duftmarke des anderen setzen. Häufiges Gassigehen unterbindet dies bei Rüden nicht. Auch erziehungstechnisch ist hier kaum etwas zu erreichen. Es sei denn, Sie lassen Ihre Hunde monatelang nicht ohne Aufsicht im Garten laufen und unterbinden jeglichen Markierversuch. Auch dann wird das Ergebnis nicht zuverlässig sein. Schließlich handelt es sich um ein instinktgesteuertes Verhalten! Natürlich markieren auch Hündinnen im Garten, meist jedoch deutlich weniger als Rüden.

GRUPPENDYNAMIK

Egal welche Geschlechterkombination Sie wählen, Sie müssen auf jeden Fall damit rechnen, dass sich bei Ihren Hunden so etwas wie Gruppendynamik einstellt. Frei nach dem Motto: „Gemeinsam sind wir stark." Falls man also mit dem Ersthund irgendwelche Probleme hat, muss man damit rechnen, dass diese sich nach Aufnahme eines zweiten Hundes verstärken und der Zweithund sich in seinem Verhalten daran anpassen wird. Bei dieser Regel gibt es leider nur selten Ausnahmen!

Beispiele für Gruppendynamik

- Ihr Hund bellt an der Leine gern einen anderen Hund an? Mit großer Wahrscheinlichkeit wird Ihr Zweithund dieses Verhalten spätestens nach einigen Monaten übernehmen und lautstark mitbellen.
- Ihr Ersthund ist in bestimmten Situationen sehr ängstlich? Sie erhoffen sich, dass er durch einen zweiten Hund selbstsicherer wird? Das kann durchaus klappen, aber nur unter ganz bestimmten Voraussetzungen (siehe S. 58).
- Ihr Ersthund leidet unter Trennungsangst? Dieses Problem lässt sich fast nie durch einen zweiten Hund lösen (s. S. 55).
- Sie müssen häufig rufen, bis sich Ihr Ersthund heranbequemt? Auch dieses Verhalten wird höchstwahrscheinlich auf den Zweithund „abfärben".

Rüde – kastrierter Rüde

Diese Kombination funktioniert meistens sehr gut, da der unkastrierte Rüde den kastrierten in der Regel nicht als Konkurrenz empfindet. Fast immer werden die beiden gute Kumpel, wobei der kastrierte Rüde eine leicht untergeordnete Stellung einnimmt. Schwierig kann es werden, wenn der Kastrat zuerst da war und sich aufgrund seines Alters und seiner Privilegien als ranghöher betrachtet. Kommt jetzt ein aufstrebender, selbstbewusster Junghund hinzu, kann es durchaus zu Auseinandersetzungen kommen.

Rüde – Hündin

Dies ist die Kombination, bei der nur äußerst selten unlösbare Probleme zwischen den Hunden auftreten. Fast immer wird die Hündin „das Sagen“ haben, auch wenn sie jünger ist und erst später zum „Rudel“ dazustößt. Die meisten Rüden sind absolut begeistert davon, endlich eine „eigene“ Hündin zu haben. Es ist immer wieder erstaunlich, wie viel sich Rüden von „ihrer“ Hündin gefallen lassen.

Auch bei großen Rüden und kleinen Hündinnen muss man mit Nachwuchs rechnen.

Nachteile

Mindestens einmal, meist jedoch zweimal im Jahr gilt es die Läufigkeit der Hündin zu überstehen. Wenn man in dieser Zeit beide Hunde im eigenen Haus behalten möchte, muss man sich auf anstrengende Tage gefasst machen. Beide Hunde, nicht nur der Rüde, werden alles versuchen, um zueinander zu gelangen. Schon mancher Hund hat in dieser Zeit gelernt, wie einfach doch Türen zu öffnen sind. Am besten schließt man jede Tür ab. Damit sind die Hunde in der Regel nicht einverstanden, und sie werden dies lautstark verkünden. Leider nicht nur tagsüber, auch nachts können Hunde stundenlang bellen und jammern. Insbesondere die Rüden verweigern häufig das Futter und magern erbärmlich ab.

Für alle Beteiligten ist es wesentlich sicherer, wenn Sie einen der Hunde für zwei bis drei Wochen in eine Pflegestelle ausquartieren. Doch das muss rechtzeitig geplant und auch geübt werden, wenn es für alle Beteiligten erträglich vonstatten gehen soll.

WICHTIG

Keinesfalls sollten Sie bei der Hündin jede Läufigkeit durch eine Hormonspritze unterdrücken lassen, da dies auf Dauer gesundheitlich nicht unbedenklich ist. Als dauerhafte Verhütungsmethode ist bei Hunden derzeit nur die Kastration zu empfehlen (siehe S. 126).

Bitte machen Sie sich über die Empfängnisverhütung rechtzeitig Gedanken. Schon häufig ist es zu unerwünschten Bedeckungen gekommen, weil die Besitzer davon ausgegangen sind, dass ihre Hunde noch nicht zeugungsfähig seien.

Rüde und Hündin können ein tolles Paar bilden.

Ein weiterer, nicht zu unterschätzender Punkt ist das Verhalten des Rüden gegenüber anderen Rüden. Schließlich hat er jetzt mehr zu verteidigen als vorher und tritt häufig dementsprechend selbstbewusst auf. Haben Sie also einen Rüden, der gegenüber anderen Rüden durchaus einmal provokant auftritt oder einer Rauferei nicht aus dem Weg geht, sollten Sie vor der Aufnahme einer Hündin in Ihre Familie ernsthaft über die Kastration des Rüden nachdenken.

Andere Hunde nehmen beim Spaziergang am Rüden natürlich auch den Geruch der läufigen Hündin wahr. Dies kann zu Problemen führen. Entweder versuchen besonders potente (um nicht zu sagen hypersexuell motivierte) Rüden Ihren „wohlduftenden" Rüden zu decken, was fast immer zu unschönen Raufereien führt, oder sie wollen den vermeintlichen Rivalen um die attraktive Hündin, die ja schließlich hier irgendwo sein muss (oder?), ausschalten. Beides sollte man vermeiden, indem man während der Läufigkeit der Hündin auch mit dem Rüden keine besonders stark frequentierten Hundeauslaufgebiete aufsucht.

Hündin – kastrierter Rüde

Diese Kombination verspricht häufig ein Dreamteam. Sie bietet die Vorteile der Kombination Rüde – Hündin, schließt jedoch fast alle dort genannten Nachteile aus.

Rüde – kastrierte Hündin

Auch diese Zusammenstellung geht fast immer gut. Nur die bei der Kombination Rüde – Hündin beschriebenen Nachteile hinsichtlich Machogehabe gegenüber anderen Hunden können unvermindert auftreten.

Hündin – Hündin

Von dieser Kombination ist häufig zu hören, dass Hündinnen erbittert miteinander streiten können und im Falle eines Kampfes diesen als so genannten Ernstkampf austragen.

Der Ernstkampf gehört zum normalen Verhaltensrepertoire von Hunden, tritt jedoch nur sehr selten auf und keinesfalls nur zwischen Hündinnen.
Wir konnten während unserer langjährigen Tätigkeit als Hundetrainer nicht feststellen, dass zwischen Hündinnen häufiger oder heftigere Auseinandersetzungen stattfinden.

Ressourcenkontrolle – Konkurrenz am Mäuseloch

INFO

Als Ernstkampf bezeichnet man eine Auseinandersetzung zwischen Hunden, bei der keine Unterlegenheitsgesten akzeptiert werden und die mit dem Tod eines der beiden Kontrahenten endet.

Wenn es zwischen Hündinnen zu Auseinandersetzungen kommt, dann hängen diese häufig mit Veränderungen im Hormonhaushalt zusammen. Dies kann sowohl vor, während oder nach der Läufigkeit der Fall sein.

Beispiel

Die heftigsten Auseinandersetzungen zwischen Hündinnen haben wir bei folgender Konstellation erlebt: In einem Züchterhaushalt lebten drei Hündinnen sowie ein Deckrüde zusammen. Die zuletzt hinzugekommene Hündin war die rangniedrigste. Sie bekam (geplant) nach einigen Monaten Welpen. Zwei Tage nach der Geburt wurde sie von der ranghöchsten und ältesten Hündin angegriffen. Es kam zu einer erbitterten Auseinandersetzung. Beide Hündinnen konnten getrennt, mussten jedoch anschließend tierärztlich versorgt werden.
In der Folgezeit kam es zu mehreren Kämpfen, aus denen beide Hündinnen blutend hervorgingen. Da die Besitzer die Hunde verständlicherweise jedes Mal trennten, waren die Hunde nicht in der Lage, sich zu einigen.
Die Familie versuchte, die Hunde innerhalb des Hauses getrennt zu halten. In einem Haushalt mit mehreren Kindern ist es jedoch nicht möglich, zuverlässig alle Türen geschlossen zu halten, sodass es immer wieder zu Auseinandersetzungen zwischen den Hündinnen kam. Die Familie arrangierte sich damit, alle paar Wochen die Hündinnen im wahrsten Sinne des Wortes wieder zusammenflicken zu lassen, und behielten alle Hunde. Ob dies für die Hunde lebenswert ist, sei jedoch dahingestellt.

Zwei Hündinnen (beide oder nur eine kastriert)

Diese beiden Kombinationen gelingen in der Regel ebenfalls sehr gut. Besondere Nachteile gibt es eigentlich nicht.

Rüde – Rüde
Rüde – Hündin (alle kastriert)

Diese Paare sind ebenfalls Anwärter auf ein Dreamteam. Meistens werden die beiden gute Freunde, ohne gesteigerte Aufmerksamkeit auf Rangauseinandersetzungen zu legen.

DAS TRAUMPAAR

Wenn man allen Varianten offen gegenübersteht, kann man versuchen, ein Traumpaar zusammenzustellen.

Kriterien

Ersthund

- Er ist mindestens zwei Jahre alt (bei kleinen Rassen ein Jahr), d. h. wirklich erwachsen und gefestigt.
- Er ist gesundheitlich noch sehr fit, es sind noch keine größeren altersbedingten Einschränkungen (sowohl geistig als auch körperlich) vorhanden.
- Er ist sehr gut erzogen, Sie können ihn überall frei laufen lassen, und er ist ein angenehmer Begleiter.
- Er verfügt über ein sehr gutes Sozialverhalten und kann Konflikte ohne unangemessene Aggressionen regeln.

Zweithund

- Wählen Sie ein gegengeschlechtliches Tier, sodass Sie ein Pärchen erhalten, d. h. Rüde und Hündin.
- Er ist deutlich jünger als Ihr erster Hund, vorzugsweise ein Welpe.
- Er passt von seinen Vorlieben und seinem Laufbedürfnis her optimal zu Ihrem Ersthund.
- Er kommt von einem sehr guten Züchter und ist optimal geprägt oder stammt aus einem kompetenten Tierheim, das bei der Auswahl berät und unterstützt.

Durch Beachtung dieser Vorschläge kann man die Wahrscheinlichkeit eines gut funktionierenden Hunderudels stark erhöhen. Eine Garantie gibt es leider nicht.

Ein Dreamteam kann, muss aber nicht aus Hunden gleicher Rasse bestehen.

VORBEREITUNGEN FÜR DIE RUDELHALTUNG

Vor dem Einzug des neuen Familienmitglieds sollte man den Ersthund auf die Ankunft vorbereiten.
Selbstverständlich kann man einem Hund nicht erklären, dass er bald einen weiteren Hausgenossen bekommt. Die Vorbereitung bezieht sich mehr auf Äußerlichkeiten.
Falls Ihr Ersthund nicht gerade eine Konkurrenz für Lassie darstellt, sollten Sie möglichst viel Zeit darauf verwenden, die Basiserziehung etwas aufzupolieren. Ist der Neuankömmling erst einmal da, hat man erfahrungsgemäß genügend zu tun und Ihr Hund wäre nicht der erste, der die geteilte menschliche Aufmerksamkeit zu seinen Gunsten ausnutzt.
Wenn Ihr Hund die folgenden Punkte zuverlässig beherrscht, haben Sie es deutlich leichter.

Auf den Platz schicken lassen

Dies ist eine der wichtigsten Übungen im Haus! Zum einen ist es ungeheuer praktisch, mit einem kurzen Hörzeichen die Hunde „aus dem Weg" zu bekommen, z. B. um Besuch hereinzulassen. Zum anderen benötigt man diese Übung, wenn man beispielsweise nur mit einem Hund etwas üben (oder spielen oder ihn bürsten) möchte und der andere sich nicht dazwischendrängen soll.

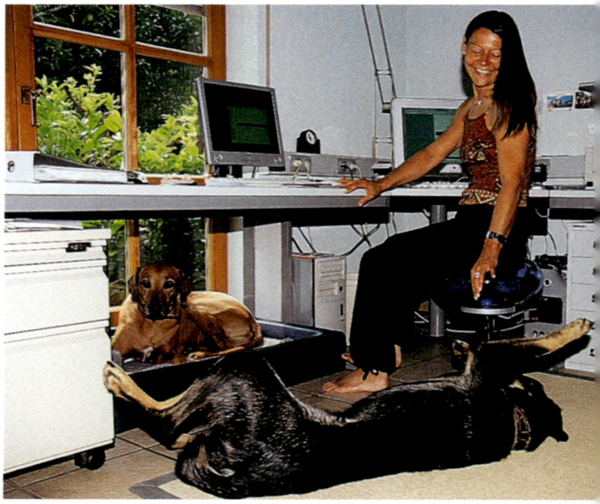

Falls Ihr Hund dieses Hörzeichen noch nicht beherrscht, ist der Zeitpunkt jetzt genau richtig, es ihm beizubringen.
Sie benötigen unbedingt einen für den Hund gut erkennbaren Platz, also eine Decke oder ein Körbchen. Bei der Wahl des

Hörzeichens sollten Sie bedenken, dass das Wort **PLATZ** nicht darin vorkommen sollte, wenn Sie es beispielsweise schon für das Hinlegen verwenden. Sie können durchaus einen Satz verwenden wie z. B. **ZEPPO, GEH INS KÖRBCHEN**.

Hörzeichentraining

1. Nehmen Sie ein Leckerchen oder ein Spielzeug, je nachdem was Ihr Hund lieber mag, machen Sie den Hund aufmerksam, sagen Sie das neue Hörzeichen und gehen Sie gemeinsam mit dem Hund zu seinem Platz. Ein entsprechendes Sichtzeichen ist immer sinnvoll, d. h., Sie deuten zum Körbchen. Er muss sich dort noch nicht hinlegen, sondern bekommt das Leckerchen in dem Moment, in dem er das Körbchen oder die Decke betritt. Diese Übung wiederholen Sie mehrere Male.
2. Nach einigen Wiederholungen werden Sie nicht mehr ganz bis zur Decke mitgehen müssen, sondern können schon einige Schritte davor stehen bleiben. Werfen Sie Ihrem Hund das Leckerchen zu, wenn er die Decke erreicht hat. Lob nicht vergessen!
3. Sobald der Hund auf das Hörzeichen hin seinen Platz bereitwillig aufsucht, verlangen Sie, dass er sich hinlegt, bevor er seine Belohnung erhält. Vergessen Sie nicht, ihm das Aufstehen wieder zu erlauben, z. B. mit dem Hörzeichen **LAUF**.

„Auf den Platz schicken" klappt hier schon perfekt, und Frauchen kann in Ruhe arbeiten.

4. In den nächsten Tagen können Sie daran arbeiten, Ihren Hund aus immer größerer Distanz auf seinen Platz zu schicken und auch einmal länger liegen zu lassen. Variieren Sie die „Liegedauer" ständig. Keinesfalls sollten Sie Ihrem Hund die Übung verleiden, indem Sie ihn immer länger liegen lassen.
5. Nun können Sie noch den Schwierigkeitsgrad steigern. Deutlich anspruchsvoller wird es, wenn Sie Ihren Hund beispielsweise mitten aus einem lebhaften Spiel heraus auf seinen Platz schicken.
   Eine weitere Variante: Sie haben seine Futterschüssel schon in der Hand und er muss erst kurz seinen Platz aufsuchen, bevor er sein Futter erhält. Eine weitere sehr schwierige Ablenkung stellt für die meisten Hunde Besuch dar.

Räume tabuisieren

Werfen Sie einmal einen kritischen Blick auf Ihre Wohnung. Vielleicht wäre jetzt der geeignete Zeitpunkt, um die Küche zu tabuisieren? Wenn Sie nun neue Regeln einführen, hat das zwei Vorteile: Sie können sich absolut sicher sein, dass Ihr Ersthund weder die neuen Regeln mit der Ankunft des Zweithundes verknüpft noch dadurch zusätzlich gestresst wird.

Sitz vor dem Futternapf

In Zukunft haben Sie zwei Näpfe zu verteilen und es wäre äußerst lästig, wenn Ihnen die Hunde bis an die Nase springen, um an den Napf zu gelangen. Fordern Sie bereits von Ihrem ersten Hund Disziplin! Verlangen Sie von Ihrem Hund **SITZ** oder **PLATZ** vor der Futterschüssel. Zu Beginn genügen einige Sekunden! Auch wenn Sie den Napf zu Boden stellen, muss der Hund noch sitzen oder liegen bleiben. Erst auf das Freigabehörzeichen hin, z. B. **LAUF**, darf er aufstehen und fressen.

„Sitz" vor dem Futternapf.

Erhöhte Liegeplätze, Sofa und Co.

Alle erhöhten menschlichen Liegeplätze sollte man erst einmal für den Hund streichen. Dies geht in der Regel schneller und wird vom Hund wesentlich problemloser akzeptiert, als man vermutet.

Sollten Sie nicht gerade ein Chihuahuarudel planen, ist es schon aus platzsparenden Gründen sinnvoll, das Sofa als Liegeplatz für die Hunde zu streichen. Außer Sie haben Platz für zwei Sofas. Viel wichtiger ist jedoch der „rangordnungstechnische" Aspekt. Hat Ihr Hund dagegen einen eigenen Sessel, der von den menschlichen Familienmitgliedern nicht benutzt wird, und ist zu erwarten, dass Ihr Ersthund auch nach Ankunft des zweiten Hundes der Ranghöhere bleibt, können Sie den Sessel stehen lassen. Es sei denn, Sie haben schon mit Ihrem ersten Hund das eine oder andere Gehorsamsproblem. Sie müssen sich darüber im Klaren sein, dass man zur erfolgreichen Kontrolle von mehr als einem Hund auch eine erhöhte Autorität benötigt. Da Sie vor Ankunft des neuen Hundes noch nicht wissen können, welche Ansprüche er an Ihre Erziehung, Autorität und Konsequenz stellen wird, ist es sinnvoll, von vornherein alles zu tun, um die Weichen richtig zu stellen. Am besten ist es also, das „Verwöhnaroma" schon vor der Ankunft des neuen Hausgenossen stark zu reduzieren, Grenzen zu setzen und neue Regeln für den Hund aufzustellen. Damit verhindern Sie, dass Ihr Hund etwaige für ihn unangenehme Änderungen mit dem Neuankömmling verbindet, und können gleichzeitig noch Ihre Autorität erhöhen. Die Regeln später zu lockern ist einfacher als umgekehrt!

Es muss nicht das Sofa sein! Bei der Mehrhundehaltung sollte man sich gut überlegen, welche Privilegien man den Hunden zugesteht.

Spielzeug und Kauartikel

Schon einige Tage vor Ankunft des neuen Vierbeiners, sollten Sie alles an Hundespielzeug und Kauartikeln erst einmal wegräumen, um etwaigen Streitigkeiten aus dem Weg zu gehen.

Maulkorbgewöhnung

Falls Sie Streitigkeiten erwarten oder einfach vorsichtig sein möchten und den Einsatz eines Maulkorbes in Erwägung ziehen, ist jetzt der richtige Zeitpunkt, um den Hund daran zu gewöhnen. Benutzen Sie einen leichten Plastikgittermaulkorb, den der Hund auch über längere Zeit bequem tragen kann.

Welches Modell?

Es gibt inzwischen viele verschiedene Maulkorbmodelle auf dem Markt. Vom Modell aus Edelstahl über Nylon, verschiedene Kunststoffe, Leder und sogar einen Maulkorb, der über Funk per Knopfdruck geöffnet werden kann.
Wir empfehlen die so genannten Baskervillemaulkörbe aus einfachem Kunststoff. Sie sind leicht, gut zu reinigen, billig in der Anschaffung (von den Sonderanfertigungen für Boxer, Rottweiler etc. einmal abgesehen), und der Hund kann gut damit hecheln, trinken und sogar fressen. Maulkörbe aus Leder haben den Nachteil, dass sie durch Speichel und Wasser sehr schnell hart werden und dann entweder scheuern oder sehr pflegeintensiv sind.
Bei Maulkörben aus Metall muss unbedingt auf eine gute Qualität geachtet werden. Er darf keine scharfen Kanten oder Ecken aufweisen. Gute Modelle sind nicht billig!
Der Maulkorb muss gut sitzen, darf nirgends drücken, aber auch nicht über die Nase gezogen werden. Lieber ein wenig größer wählen und den Nackenriemen zusätzlich durchs Halsband ziehen.

Besonders geeignet sind der Baskerville (Mitte) und der Edelstahlmaulkorb (rechts).

VORSICHT

Absolut ungeeignet für unsere Zwecke sind so genannte Softmaulkörbe aus Nylon, da der Hund nicht hecheln und trinken kann. Kann er es mit diesem Maulkorb doch, ist er zu groß!

Gewöhnung

Streichen Sie großzügig Streichwurst in den Maulkorb. Lassen Sie Ihren Hund ruhig dabei zusehen und erzählen Sie ihm dabei, wie wunderbar und großartig dieser Maulkorb ist. Dann halten Sie Ihrem Hund den Maulkorb so entgegen, dass er bequem die Nase hineinstecken kann. Vermeiden Sie dabei, sich über den Hund zu beugen, da dies auf viele Hunde bedrohlich wirkt. Am besten, Sie setzen sich hin. Versuchen Sie noch nicht, den Nackenriemen zu schließen. Wenn Sie möchten, können Sie diesen Vorgang jetzt zwei- oder dreimal am Tag wiederholen. Nach und nach können Sie damit beginnen, mit den Nackenriemen herumzuhantieren und sie schließlich auch zu schließen. Sobald Ihr Hund die ganze Wurst herausgeleckt hat, öffnen Sie die Riemen wieder.
Als nächsten Schritt öffnen Sie den Maulkorb nicht sofort, wenn die Streichwurst abgeleckt ist, sondern stecken Ihrem Hund durch die Gitter des Maulkorbs noch einige Stückchen Wurst oder Käse zu. Verlängern Sie jetzt nach und nach die Tragezeit. Verringern Sie die Häufigkeit der Leckerchen. Nach spätestens zwei Wochen sollte sich Ihr Hund an den Maulkorb gewöhnt haben. Ab und zu wird er noch versuchen ihn abzustreifen, aber dies ignorieren Sie oder lenken ihn mit Futter ab.

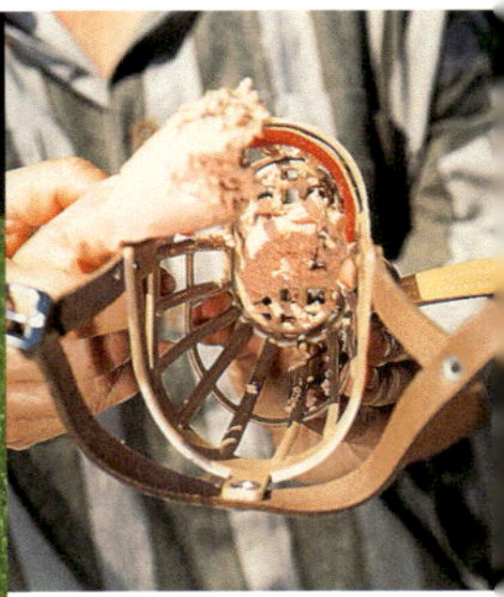

So „versüßen" Sie Ihrem Hund den Maulkorb.

VORSICHT

Lassen Sie Ihren Hund einige Stunden nach einer Mahlzeit nie allein. Die einzig wirkliche Gefahr ist, dass der Hund sich nach einer Mahlzeit erbricht und das noch gar nicht oder nur halb verdaute Futter den Maulkorb verstopft und er erstickt. Lassen Sie lieber einmal eine Mahlzeit ausfallen, bevor Sie Ihren Hund diesem Risiko aussetzen.

Vorurteile

Das beliebte Vorurteil „Hunde werden durch den Maulkorb erst aggressiv" können wir nicht bestätigen.
Manche Hunde reagieren beim allerersten Anblick eines maulkorbtragenden Artgenossen erst einmal verwirrt und zurückhaltend, gewöhnen sich aber in der Regel sehr schnell davon. Auch das beliebte Argument, Hunde könnten dann die Mimik des „Maulkorbkandidaten" nicht richtig lesen, stimmt nicht ganz. Es hängt vielmehr von den Möglichkeiten des Hundes ab, der den Maulkorb trägt. Ein Husky beispielsweise hat auch mit Maulkorb noch eine klar erkennbare Mimik, der Briard weder mit noch ohne Maulkorb.
Falls Sie den Maulkorb für nötig halten, sollten Sie einen insgesamt sehr kritischen Blick auf Ihren Hund werfen: Ist er vielleicht ein klein wenig zu sehr verwöhnt? Tendiert er etwa in Richtung „Kleiner Haustyrann" oder „Kronprinz"? Wenn Sie sich an dieser Stelle selbst belügen (oder eine zu rosa gefärbte Brille tragen) und an der Situation nichts ändern, müssen Sie spätestens mit zwei Hunden mit größeren Problemen rechnen. Sind Sie sich in der Beurteilung Ihres Hundes unsicher, sollten Sie einen kompetenten Hundetrainer aufsuchen, der Ihnen eine objektive Einschätzung gibt.

Erster „Kontakt" zum neuen Gefährten über den Geruch einer Decke.

Gewöhnung an den Geruch des Neuen

Falls möglich, können Sie Ihrem Hund das neue Familienmitglied bereits geruchlich vorstellen. Bringen Sie vom Züchter, Vorbesitzer oder aus dem Tierheim eine gebrauchte Decke mit. Sie können diese Decke und damit den Geruch positiv besetzen, indem Sie Ihren Hund auf dieser Decke füttern.

VERHALTEN DES ERSTHUNDES

Wie bereits angesprochen, kann man keinesfalls davon ausgehen, dass sich Probleme, die man mit dem Ersthund hat, bei Ankunft eines zweiten Hundes in Wohlgefallen auflösen.

Trennungsangst

Trennungsangst ist ein Oberbegriff für unerwünschtes Verhalten Ihres Hundes beim Alleinbleiben. Mehrere Ursachen sind möglich:

1. Ihr Hund hat nie richtig gelernt, allein zu bleiben, und hat Angst

Wenn man aus diesem Grund seinem Hund einen Artgenossen hinzugesellen möchte, löst dies in den seltensten Fällen das Problem. Im Gegenteil: Wenn man einen Welpen diesem Vorbild aussetzt, ist die Wahrscheinlichkeit sehr groß, dass er ebenfalls Angst bekommt und sich am Verhalten seines „großen Bruders“ oder seiner „großen Schwester“ orientiert. Stimmungsübertragung und Lernen durch Beobachtung sind gerade für junge Hunde und Welpen extrem wichtig.

Der Charakter Ihres Ersthundes färbt meist auf den Zweithund ab.

Dieser Versuch kann nur unter einer Voraussetzung gelingen: Ihr Zweithund ist ein äußerst souveräner, überlegener Hund, den Ihr Ersthund sofort als Führungspersönlichkeit anerkennt und akzeptiert. Zusätzlich hat Ihr Zweithund von Anfang an keine Probleme, in der für ihn zunächst fremden Wohnung (nämlich Ihrer) allein zu bleiben, und überträgt sein ruhiges

Verhalten auf Ihren Ersthund. Derart souveräne und gelassene Hunde sind extrem selten und die Wahrscheinlichkeit, einen solchen zu finden, ist sehr gering. Bevor Sie sich auf die höchstwahrscheinlich erfolglose Suche begeben, sollten Sie lieber Zeit in die Erziehung Ihres Ersthundes investieren, um diesen von seiner Trennungsangst zu befreien.

Hunde mit viel geistiger und körperlicher Beschäftigung sind ausgeglichener und können auch besser einmal allein bleiben.

2. Ihrem Hund ist beim Alleinbleiben langweilig

In der Regel vertreibt sich der gelangweilte Hund seine Zeit mit für uns höchst unerwünschten Beschäftigungen: Neugestaltung der Innendekoration, Bellen oder Heulen. Da diese Tätigkeiten den meisten Hunden Spaß machen, ist es sehr wahrscheinlich, dass sich Ihr Zweithund begeistert anschließt. Auch hier sollten Sie erst die Lösung des Problems angehen, bevor Sie sich einen zweiten Hund anschaffen.

Mangelnder Gehorsam

Menschlich und absolut verständlich ist der Wunsch, beim zweiten Hund alles richtig zu machen und ihn besser zu erziehen. Schließlich ist es viel einfacher, von Anfang an alles richtig zu machen, oder?

Bei allen Gehorsamsproblemen mit Ihrem Ersthund müssen Sie sich darüber im Klaren sein, dass ein Welpe oder Junghund generell sehr viel von erwachsenen Hunden lernt und über-

nimmt. Auch erwachsene Neuankömmlinge sind in der Regel erst einmal durch den Besitzerwechsel verunsichert und orientieren sich häufig stark an den bereits vorhandenen Hunden, sodass sie auch unliebsame Gewohnheiten schnell übernehmen. Selbstverständlich ist es bei kleineren Problemen möglich, den Ersthund zu belassen, wie er ist, und sehr viel Wert auf die Erziehung des Zweithundes zu legen. Allerdings wird Ihnen das „schlechte Vorbild“ Ihres Ersthundes die Erziehung deutlich erschweren.

Kommen auf Zuruf

Ihr Ersthund entfernt sich im Freilauf sehr weit von Ihnen und kehrt nicht zuverlässig auf den ersten Zuruf zurück. In diesem Fall wird der Neuankömmling meist danach trachten, mit seinem Kumpel mitzulaufen. Das können Sie natürlich (und sollten Sie auch) mittels einer Schleppleine unterbinden. Trotz des schlechten Vorbildes kann der Zweithund lernen, zuverlässig heranzukommen und sich nicht zu weit zu entfernen. Allerdings erfordert dies von Ihnen noch mehr Konsequenz, als man ohnehin schon bei der Hundeerziehung braucht. Und auch nach abgeschlossener Grunderziehung ist der Ersthund ja immer noch weit voraus und stellt so für den Zweithund einen ständigen Anreiz dar. Sinnvoller wäre es, vor Ankunft des zweiten Hundes noch einige Zeit für die Erziehung Ihres Ersthundes zu verwenden.

Heranrufen aus einer Hundegruppe – auch das sollte regelmäßig geübt werden.

Gismo und Tonja

Verhalten an der Leine

Wenn Ihr Ersthund manchmal oder gar regelmäßig an der Leine dazu neigt, andere Hunde oder Passanten anzubellen, ist es sehr wahrscheinlich, dass Ihr Zweithund dieses Verhalten übernehmen wird. In den meisten Fällen müssen Sie damit rechnen, dass sich das Verhalten noch verstärkt. Auch hier gilt also: Erst einmal den Ersthund erziehen!

Ängstlicher Hund

Handelt es sich um eine generelle Unsicherheit Ihres Ersthundes, sollten Sie bei der Auswahl des Zweithundes sehr viel Umsicht walten lassen. Wählen Sie keinesfalls einen sehr sensiblen Hundetyp, sondern einen möglichst ruhigen und selbstbewussten. Soll es ein Welpe sein, ist ein Züchter notwendig, der sehr viel Wert auf eine umfassende Umweltsozialisierung und Prägung der Welpen legt. Testen Sie bei der Auswahl, wie stark der Hund auf Stimmungsübertragung reagiert. Bei Welpen sollten Sie vorher auf jeden Fall den Züchter fragen, ob er mit Ihrem kleinen Versuch einverstanden ist. Lassen Sie in der Nähe der Welpen beispielsweise einen größeren Schlüsselbund fallen und heben Sie ihn klagend und jammernd wieder

auf. Beobachten Sie dabei die Welpen genau. Wie stark sind sie beeindruckt? Sind sie überhaupt beeindruckt?
Sinnvoller wäre es, statt eines Welpen einen erwachsenen, möglichst souveränen Hund zu suchen, der sich von Ihrem Ersthund nicht anstecken lässt.

Testspaziergänge

Einen erwachsenen Hund sollten Sie unbedingt auf mehrere Testspaziergänge mit Ihrem Ersthund mitnehmen, um das Verhalten beider Hunde möglichst umfassend beobachten zu können. Gelingt es Ihnen, einen solch souveränen Hund zu finden, ist die Wahrscheinlichkeit groß, dass er die Rudel-

Ein Hund läuft frei, der andere noch an der 5-Meter-Leine.

führerschaft zwischen den Hunden übernimmt. Damit steigt dann auch die Chance, dass sich der ängstliche Zweithund vermehrt an ihm orientiert und etwas gelassener wird. Vorhersagen kann man dies allerdings nicht.
Relativ sicher lässt sich jedoch vorhersagen, dass ein nicht außergewöhnlich selbstsicherer Welpe sich stark an seinem unsicheren Vorbild orientieren und ebenfalls zu einem „Angsthasen" heranwachsen wird.

KENNENLERNEN UND GEWÖHNUNG

DAS ERSTE ZUSAMMENTREFFEN

Wenn Ihr Ersthund sich prinzipiell über jeden anderen Hund freut, egal welchen Alters oder Geschlechts, brauchen Sie für das erste Zusammentreffen keine besonderen Vorbereitungen zu treffen. Allerdings sollten Sie sich sicher sein, dass Ihr Hund dieses freundliche Verhalten auch bei sich zu Hause zeigt. Um allen Risiken aus dem Weg zu gehen, sollten die folgenden Punkte beachtet werden!
Wir gehen hier davon aus, dass ein erwachsener Hund auf einen erwachsenen Hund oder Junghund trifft.

Schon recht frech, der Kleine!

Neutrales Gebiet

Das erste Treffen sollte auf einem für beide Hunde neutralen Gebiet stattfinden. Dabei muss man berücksichtigen, dass Ihr Hund in der Regel auch seine übliche Gassigehrunde als sein erweitertes Territorium betrachtet. Falls der Neuankömmling dem Junghundealter schon entwachsen ist, gilt dies selbstverständlich auch für ihn (falls Sie z. B. am Wohnort des Übernahmekandidaten spazieren gehen wollen). Am besten, Sie wählen einen Ort, an dem beide Hunde noch nie oder nur sehr selten waren. Für das erste Mal benötigen Sie unbedingt eine Hilfsperson, schon allein deshalb, weil Sie keinesfalls mit beiden Hunden in einem Auto dorthin fahren sollten.

Gemeinsame Autofahrten vermeiden!

Um einen zunächst fremden Hund im Auto zu dulden, müsste Ihr Ersthund entweder extrem freundlich gegenüber anderen Hunden sein oder über eine außergewöhnlich niedrig ausgeprägte Territorialität verfügen. Selbst wenn Sie die Hunde innerhalb des Autos problemlos trennen könnten, stellt diese Situation unter Umständen einen hohen Stressfaktor dar, der die nachfolgende Begegnung schwer belasten könnte.

Ankunft am Treffpunkt

Bei der ersten Begegnung sollten beide Hunde angeleint sein. Lassen Sie keinesfalls beide Hunde sofort an der Leine zueinander, schon gar nicht vor einem der Autos. Das Auto stellt für viele Hunde eine Form von Zuhause dar, das evtl. verteidigt wird. Das Beste ist, Sie steigen zügig aus und entfernen sich mit dem jeweiligen Hund an der Leine sofort einige Schritte von den Autos. Bleiben Sie bitte nicht in der Nähe der Autos stehen. (Evtl. fällt Ihrem Ersthund ausgerechnet jetzt zum ersten Mal ein, dass er „sein" Auto unbedingt verteidigen muss. Schließlich ist sein Mensch die ganze Zeit schon so nervös oder aufgeregt und jetzt steht da noch ein unbekannter Hund!) Brechen Sie sofort zu einem Spaziergang auf.

Falls einer der Hunde an der Leine dazu neigt, Artgenossen anzubellen, müssen Sie sich für eine der folgenden Möglichkeiten entscheiden:

- Sie vergrößern den Abstand zwischen den beiden Hunden so sehr, dass von keiner Seite aus mehr gebellt oder gar gedroht wird. In diesem Abstand gehen Sie erst einmal spazieren und versuchen in den nächsten Minuten während des Gehens, den Abstand immer weiter zu verringern. Das kann unter Umständen lange dauern.

- Sie lassen beide Hunde an der Leine Kontakt aufnehmen. Dieses Risiko sollten Sie natürlich nur eingehen, wenn beide Hunde entweder einen Maulkorb tragen oder Sie sich sicher sind, dass keiner der Hunde eine Rauferei beginnt. Falls Sie sich für diese Möglichkeit entscheiden, sollten Sie unbedingt darauf achten, dass die Leine möglichst nicht gespannt wird. Viele Hunde fühlen sich mit gestraffter Leine entweder sicherer, weil sie sich mit ihrem Menschen im Rücken verbunden oder unsicher, weil sie sich durch die Einschränkung ihrer Bewegungsfreiheit gestresst fühlen. Wir empfehlen Ihnen, beide Hunde an einer Fünf-Meter-Leine zu führen, damit Sie ihnen mehr Spielraum gewähren können.

Anspannung und Stress vermeiden

Egal, für welche der beiden Möglichkeiten Sie sich entscheiden, versuchen Sie unbedingt, möglichst wenig Anspannung, Angst oder Stress seitens der Menschen aufkommen zu lassen. Das ist natürlich leichter geschrieben als getan! Aber es gibt ein paar Tricks, die helfen können:

- Vermeiden Sie es, stehen zu bleiben und auf die Hunde zu starren. Das bedeutet nicht, dass Sie die Hunde an der Leine auseinander zerren sollten. Entfernen Sie sich so weit, wie es die Leine zulässt (ohne dass die Leine sich strafft!). Bleiben Sie dann seitlich abgewandt stehen. Beobachten Sie die Hunde nur aus dem Augenwinkel.

Behutsame Annäherung und Spielaufforderung

- Hilfreich ist es, wenn Sie sich munter plaudernd mit der zweiten Person unterhalten. Wählen Sie ruhig ein völlig absurdes Thema und zwingen Sie sich, darüber zu reden. Damit nutzen Sie die Stimmungsübertragung zu Ihren Gunsten aus und vermitteln den Hunden, dass alles in Ordnung ist. Keinesfalls sollten Sie den Hunden direkt „gut zureden“. Sind Sie unsicher oder angespannt, was in dieser aufregenden Situation nur zu normal ist, können Sie davon ausgehen, dass beide Hunde dies unmittelbar registrieren und sich eine evtl. vorhandene Anspannung bei einem der Hunde oder gar bei beiden steigert.

Wann immer möglich, sollten Sie weitergehen, damit die Hunde womöglich aufkommenden Stress über Bewegung und Schnüffeln abbauen können.
Vermeiden Sie bei diesem ersten Spaziergang unbedingt, Spielzeug oder Stöckchen ins Spiel zu bringen. Auch Leckerchen sollten Sie nur verteilen, wenn der andere Hund mindestens einige Meter entfernt ist.
Machen Sie ruhig einen langen Spaziergang, eine Stunde oder länger darf es am besten sein. Gehen Sie in einem solchen Abstand voneinander entfernt, dass die Hunde gut damit klarkommen und halbwegs entspannt wirken.

Kurze Auseinandersetzungen...

Ernsthafte Auseinandersetzungen

Falls sich eine ernsthafte Auseinandersetzung anbahnt, sollten Sie den Versuch abbrechen und folgendes tun:
Beide Hunde sollten an einen gut sitzenden Baskervillemaulkorb gewöhnt sein oder werden. Jetzt lassen Sie die beiden Hunde in einem eingezäunten Gelände frei laufen. Andere Hunde sollten dabei nicht anwesend sein. Die Alternative wäre eine gut geführte Spielgruppe in einer professionellen Hundeschule. Wenn möglich, sollten Sie eine Videokamera verwenden, um sich die Begegnung anschließend in Ruhe noch einmal ansehen zu können. Sie werden erstaunt sein, wie viel Ihnen bei der direkten Beobachtung an Kommunikation entgangen ist.
Jetzt sollten Sie beide Hunde gewähren lassen. Falls es zu einer Auseinandersetzung kommt, wenden sich bitte alle betei-

ligten Personen sofort ab und entfernen sich einige Meter. Bitte schauen Sie auf die Uhr, denn in einer solchen Situation erscheinen einem wenige Minuten wie Stunden. Vermeiden Sie es, die Hunde zu trennen. Sie sollten nur eingreifen, wenn einer der Hunde hoffnungslos unterlegen oder kein Ende der Streiterei in Sicht ist. Kommt es nur zu einer kurzen Rauferei, sollten Sie sich nicht einmischen.

Einigung erwünscht, aber nicht immer möglich

Falls Sie die Hunde getrennt haben, können Sie sie entweder sofort oder zu einem zweiten Termin wieder zueinander lassen, um zu überprüfen, ob eine Einigung nicht doch noch möglich ist. Sie müssen sich in diesem Fall jedoch darauf einrichten, dass die Gewöhnung der beiden Hunde aneinander unter Umständen sehr lange dauern wird und für alle Beteiligten (Sie selbst eingeschlossen) sehr nervenaufreibend werden kann. Wir würden Ihnen in diesem Fall empfehlen, einen kompetenten Hundetrainer mitzunehmen. Adressen erhalten Sie auf Anfrage gern von uns.
Außerdem besteht leider die Möglichkeit, dass sich die beiden Kontrahenten nie einigen werden, sodass Sie einen der Hunde wieder abgeben müssen.
Wenn es sich bei der Auseinandersetzung aber nur um eine kurze Kabbelei gehandelt hat, stehen die Aussichten sehr gut, dass die beiden doch noch ein gutes Team werden.

... können auch in Spiel übergehen.

Sonderfall „kleiner“ Hund oder Welpe

Falls es sich bei einem der Hunde um einen sehr kleinen Hund oder einen Welpen handelt, können Sie selbstverständlich nicht zulassen, dass der Kleinere verprügelt wird. Auch mit Maulkorb ist hier die Verletzungsgefahr zu groß. Jedoch ist damit nicht gemeint, dass der erwachsene Hund den Welpen nur angemessen zurechtweist! Sind Sie sich in der Beurteilung des Hundeverhaltens unsicher, sollten Sie Ihr Wissen in punkto Hundeverhalten schulen. Gute Lernmöglichkeiten für zu Hause sind beispielsweise die Videos der Trumlerstation „Welpenentwicklung in einem Wildhunderudel“ und „Welpenerziehung in einem Wildhunderudel“.
Sollte der erwachsene Hund den Welpen oder kleinen Hund jedoch wirklich ernsthaft attackieren, sollten Sie von der Aufnahme in Ihr Familienrudel Abstand nehmen.

Fahrt nach Hause

Wenn bei der ersten Begegnung auf dem Spaziergang alles gut gegangen ist, können Sie nach Hause fahren. Optimal wäre es, wenn Sie die Rückfahrt jetzt mit beiden Hunden gemeinsam in einem Auto durchführen könnten. Allerdings sollten die beiden Hunde innerhalb des Autos sicher voneinander getrennt sein. Beispielsweise könnte einer der Hunde in einer Transportbox untergebracht werden. Falls es nämlich jetzt im Auto zu Unstimmigkeiten kommt, müssen Sie damit rechnen, dass Ihr Ersthund auch mit einem Besuch des Neuankömmlings in „seinem“ Haus nicht ganz einverstanden sein wird. In diesem Fall sollten Sie unbedingt beide Hunde vor dem Betreten des Hauses anleinen und/oder einen Maulkorb tragen lassen.

Das ist keine gute Ausgangssituation.

Der Welpe ist sehr stürmisch und ignoriert die Drohgeste.

DAS ERSTE MAL ZU ZWEIT IM HAUS

Schon vor der Ankunft des Neuankömmlings sollten Sie zu Hause alle herumliegenden Spielsachen sowie Kauknochen und Ähnliches wegräumen, um Streitereien zu verhindern. Das weitere Vorgehen bei der Ankunft hängt vom vorangegangenen Spaziergang ab.

Wie verlief der Spaziergang?

Wenn die beiden Hunde sich gut vertragen haben und es auch im Auto keinerlei Unstimmigkeiten gab, können Sie die Hunde in der Wohnung bzw. im Garten frei laufen lassen.
War der Spaziergang vielleicht nicht ganz so harmonisch oder gab es die eine oder andere Anspannung, sollten Sie die Situation kontrollierter beginnen.

Kontrolliertes Zusammentreffen

Beide Hunde bleiben angeleint und werden ins Haus geführt. Hilfreich ist auch hier wieder eine Hilfsperson. Im Haus weisen Sie beiden Hunden einen Platz zu. Ihr Ersthund beherrscht dies hoffentlich schon! Am besten, Sie trinken erst einmal gemütlich eine Tasse Tee oder Kaffee. Selbstverständlich beachten Sie ab sofort die Regelungen der anzunehmenden neuen Rangordnung.

Ein recht heftiger Schnauzgriff ist die Folge.

Beide Hunde sollten gleich weit weg von Ihrem Sitzplatz liegen (sich in Ihrer Nähe aufhalten zu dürfen, ist in den Augen der Hunde häufig ein Privileg). „Strategisch unwichtige“ Plätze können auch nicht schaden, d. h. nicht im Eingangsbereich, nicht im Durchgangsverkehr, nicht mit dem besten Überblick! Falls Ihre Wohnung das aus Platzgründen nicht zulässt und einer der Hunde deutlich näher bei Ihnen liegen muss, sollten Sie dieses Vorrecht dem ranghöheren Hund einräumen. Es kann durchaus notwendig sein, diese Regelung in den ersten Tagen immer mal wieder mittels Leine und eventuell eines Hakens in der Wand durchzusetzen. Natürlich soll das nicht bedeuten, dass einer der Hunde (oder beide) stundenlang angebunden werden. Es ist nur eine Hilfestellung, wenn Sie beispielsweise in Ruhe Kaffee trinken möchten, fernsehen oder anderweitig beschäftigt sind und die Hunde nicht ständig im Auge behalten können.

TIPP

Ein Haken in der Wand ist in der Hundeerziehung „Gold wert“! Kleine Hunde kann man selbstverständlich auch an der Heizung anbinden. Bei größeren Exemplaren muss man sich das gut überlegen, weil in der Vergangenheit schon einige Heizungen unter kräftigen Hunden gelitten haben. Natürlich ist das Anbinden nur eine vorübergehende Hilfestellung, die nach einigen Wochen fleißigen Übens nicht mehr notwendig sein sollte.

Einsatz von Transportboxen

Ist das Verhältnis zwischen den beiden Hunden noch etwas angespannt, möchten wir Ihnen Transportboxen empfehlen. Selbstverständlich müssen Sie jeden Hund erst einmal an die Transportbox gewöhnen. Erfahrungsgemäß erfordert das jedoch nur einige wenige Tage, in denen Sie die Box mit Leckerchen und der täglichen Fütterung schmackhaft machen. Die allermeisten Hunde lieben ihre Box, nicht zuletzt deshalb, weil sie einen wunderbaren Höhlenersatz darstellt. Wenn Sie keine so

genannte Flugtransportbox benutzen, sondern eine Gitterbox, sollten Sie diese durch das Überlegen einer Decke in eine „Höhle" verwandeln.
Wählen Sie die Box so groß, dass Ihr Hund bequem darin stehen und sich umdrehen kann. Wenn Ihnen das immer noch recht klein erscheint, denken Sie einmal an Ihr eigenes Bett: Mehr Platz haben Sie darin auch nicht! Natürlich darf die Box nicht missbraucht werden, d. h., der Aufenthalt in der Box sollte sich tagsüber auf maximal zwei bis drei Stunden beschränken. Nachts kann die Box ruhig als Schlafplatz dienen, sollte dies notwendig sein.

Alleine bleiben mithilfe der Box

In den ersten Tagen nach Ankunft des Zweithundes sollten Sie die beiden nur allein lassen, wenn sie wirklich schon gut miteinander auskommen und keinerlei Anspannung oder Unstimmigkeiten erkennbar sind. Wenn Sie die beiden trennen möchten, ist es auf jeden Fall besser, einen oder beide in einer Box warten zu lassen (natürlich jeden in einer eigenen Box), als sie räumlich in verschiedenen Zimmern zu trennen. Man sollte nicht einen Hund in der Box und den anderen frei im Zimmer lassen, da sonst die Gefahr besteht, dass der „Freie" sich dem „Boxbewohner" gegenüber provokant verhält und dieser nicht angemessen „antworten" kann. Gerade wenn es zwischen den beiden noch „kriselt", führt eine zeitweilige räumliche Trennung häufig zu einer erhöhten Spannung.

Die Gewöhnung an eine Transportbox ist in vielen Situationen hilfreich.

Kein Entspannen der Situation in Sicht?

Zurück jedoch zu unserem ersten Aufenthalt im Haus. Versuchen Sie, beide Hunde so lange auf ihrem Platz warten zu lassen, bis eine deutliche Entspannung eintritt. Erst dann sollten Sie die Hunde frei laufen lassen.

Sie trinken jetzt schon seit zwei Stunden Kaffee und beide Hunde liegen immer noch auf ihrem Platz, fixieren sich und hin und wieder lässt einer der beiden ein dumpfes Knurren hören, wenn der andere sich bewegt? In diesem Fall sollten Sie die beiden natürlich nicht ableinen, sondern sich schon einmal auf eine längere Eingewöhnungsphase einstellen. Spätestens jetzt sollten Sie die Anschaffung von Maulkörben und Transportboxen ernsthaft ins Auge fassen. Lassen Sie die Hunde keinesfalls allein! Zur Not müssen Sie sie wirklich in verschiedenen Zimmern unterbringen, wenn Sie das Haus verlassen müssen. Bevor Sie an diesem aufregenden Tag zu Bett gehen, sollten Sie noch einmal (wieder mit Hilfsperson) mit beiden Hunden an der Leine einen ausgiebigen Spaziergang unternehmen.

Die erste Nacht

In der ersten Nacht sollte man die beiden Hunde keinesfalls unbeaufsichtigt lassen. Das heißt, entweder sind beide Hunde in getrennten Zimmern untergebracht und können sich nicht gegenseitig erreichen oder sie schlafen jeder in einer Transportbox ebenfalls im Schlafzimmer. Natürlich sollte dann auch der zweite Hund bereits an eine Transportbox gewöhnt sein.

TIPP

Wenn tagsüber keine Unstimmigkeiten zwischen den Hunden auftreten, können sie selbstverständlich auch gemeinsam schlafen und allein gelassen werden. Das Gleiche gilt übrigens für den ungetrennten Aufenthalt im Auto.

GEMEINSAME FÜTTERUNG

Futter zur freien Verfügung?

Mit manchen Hunden funktioniert es tatsächlich: Rund um die Uhr steht ein gefüllter Futternapf zur Selbstbedienung bereit. Weder gibt es Streit im Minirudel, noch droht einer der Hunde an Verfettung zu sterben. Darauf verlassen sollte man sich auf keinen Fall, schon gar nicht, wenn man den Neuankömmling in dieser Hinsicht noch nicht richtig einschätzen kann. Auch wenn der Ersthund die Situation, also den stets gefüllten Futternapf, gewöhnt ist, sollte man die Fütterung zumindest in den nächsten Wochen ändern.

Zu Beginn eventuell noch mit Hilfsperson und ohne Blickkontakt füttern.

Wie man die Fütterungssituation gestaltet, hängt wieder vom Ersthund ab.

Möglichkeiten der Fütterung

Ihr Ersthund ist ein wohlerzogener, gutmütiger Hund, der keine Spur von Futteraggression erkennen lässt? Das heißt, dass Sie beispielsweise auch dem Hund einer Bekannten ein Leckerchen zukommen lassen können, ohne dass Ihr eigener Hund dies unwillig kommentiert oder zu verhindern sucht.

Füttern im selben Raum

Bereiten Sie das Futter für beide Hunde vor und verlangen Sie von Ihrem Ersthund **SITZ** oder **PLATZ**. Stellen Sie ihm den Napf vor die Nase und erlauben Sie ihm mit Ihrem Freigabehörzeichen zu fressen. Der Neuankömmling wird entweder von einer Hilfsperson an der Leine gehalten oder ist angebunden (am besten einige Schritte entfernt). Auch der Neuankömmling kann ein kurzes **SITZ** vor dem Futternapf zeigen. Sollte er noch keine weitergehende Grunderziehung genossen haben oder noch sehr jung sein, reichen selbstverständlich ein, zwei Sekunden aus.
Falls einer der Hunde (oder beide) doch Tendenzen zur Futteraggression zeigt, sollten die Hunde mit dem Rücken zueinander fressen.
Bleiben Sie unbedingt bei den Hunden stehen, um „Diebstähle“ zu verhindern. Auch das wechselseitige Auslecken der leeren Futternäpfe sollte man in den ersten Tagen nicht dulden. Lieber ein paar Tage vorsichtig sein als eine Rauferei provozieren. Sie müssen immer davon ausgehen, dass Ihr Zweithund in den ersten Wochen „auf leisen Sohlen“ geht und noch nicht sein „wahres“ Gesicht zeigt. Das hat weder mit Verstellung

noch mit Falschheit zu tun! Gerade ein erwachsener Hund, der einen Halterwechsel oder Tierheimaufenthalt mitmachen musste, ist erst einmal sehr verunsichert und vorsichtig. Möglicherweise erscheint Ihnen das nicht so, sondern der Hund wirkt munter und verspielt. Trotzdem werden Sie nach einigen Monaten feststellen, dass er sich sehr verändert hat! In Wirklichkeit hat er sich gar nicht verändert, sondern ist jetzt erst „wirklich angekommen".

Füttern eines Welpen

Falls Sie einen Welpen aufgenommen haben, muss dieser natürlich in den ersten Wochen noch mehrmals täglich gefüttert werden. Sie sollten Ihren Ersthund ebenfalls zu jeder Mahlzeit des Welpen füttern. Entweder teilen Sie seine Portion auch auf mehrere Mahlzeiten auf, oder er erhält jedes Mal einen kleinen Keks, damit er sich nicht benachteiligt fühlt.

Getrenntes Füttern

Falls der Ersthund (oder der Neuankömmling) in Stress gerät, wenn er in Anwesenheit eines Artgenossen fressen soll, sollte man die beiden getrennt füttern. Am besten bringt man jeden Hund in ein eigenes Zimmer, bereitet das Futter vor und geht selbstverständlich zuerst wieder zum Ranghöchsten.

Später klappt es dann auch nebeneinander und ohne Hilfsperson.

Streit um Leckereien

Kauknochen und Ähnliches kann man den Hunden nur zur freien Verfügung überlassen, wenn man sicher sein kann, dass es keine Streitereien darum gibt. Angenommen, der Ersthund ist nicht besonders an Futter interessiert. Kauknochen liegen tagelang herum, bis sie aufgefressen werden. Alle Familienmitglieder, einschließlich der Katze, können ihm jederzeit den Kauknochen wegnehmen, ohne dass ihn das besonders stört. Bitte gehen Sie in solch einem Fall nicht davon aus, dass dies auch gegenüber dem Zweithund so bleibt! Das Verteidigungsverhalten bei Futter kann Artgenossen gegenüber völlig anders sein als gegenüber Menschen und anderen Tieren.

Aufsicht ist besser!

Lassen Sie die Hunde mit Kauknochen etc. erst allein, wenn Sie mehrfach beobachten konnten, dass die Hunde evtl. auftretende Konflikte unblutig lösen können. Falls einer der Hunde dem anderen alles wegnehmen kann, müssen Sie natürlich sicherstellen, dass auch der Bestohlene noch Möglichkeiten zum Kauen hat. Tadeln Sie den „Dieb“ bitte nicht – er zeigt völlig normales Sozialverhalten! Entweder geben Sie Kauartikel nur noch in Ihrer Gegenwart und verlangen von beiden Hunden, dass sie auf ihrem Platz bleiben, oder Sie trennen die Hunde während des Fressens räumlich voneinander.

FUTTERAGGRESSION

Falls einer Ihrer Hunde eine ausgeprägte Futteraggression zeigt, muss man davon ausgehen, dass sich dies nicht mehr ändern lässt. Entweder füttert man die Hunde dann immer getrennt, oder man erreicht einen so exzellenten Gehorsam, dass man die Hunde in einem Raum füttern kann. Allerdings sollte man den Raum dabei nicht verlassen! Achten Sie bei futteraggressiven Hunden peinlich genau darauf, dass keinerlei Kauknochen etc. herumliegen.

WENN ES EIN WELPE IST

Das richtige Alter des Ersthundes

Ihr Ersthund sollte mindestens anderthalb Jahre alt sein, bevor Sie einen weiteren Welpen ins Haus holen. Warum?
Der Hauptgrund ist wieder einmal die Gehorsamserziehung. Mit anderthalb sollte der erste Hund „aus dem Gröbsten" heraus sein. Bei Mutter Natur ist ein Altersunterschied von unter einem Jahr nicht vorgesehen oder zumindest selten.

Der große Junghund ist für den kleinen viel zu stürmisch. Die beiden wären kein gutes Paar.

Da bei Wildhunden die Welpen in der Regel im Frühjahr zur Welt kommen, sind die Geschwister vom Vorjahr natürlich schon ein Jahr älter. Nur in sehr großen Rudeln und bei sehr guten Nahrungsverhältnissen kommen zwei Würfe gleichzeitig zur Welt. Diese sind dann aber meist nur einige Tage auseinander, sodass die Welpen fast gleich alt sind.

Junghund und Welpe – ein problematisches Team

Treffen nun Junghunde im Alter von einigen Monaten mit jüngeren Welpen auf der Hundewiese oder beim Spaziergang aufeinander, spielen sie wie mit ihresgleichen. Dies ist für einen Welpen natürlich viel zu grob und zu heftig. Erst gegen Ende der Pubertät, d. h. wenn der Hund schon fast erwachsen ist, kann er sein Spielverhalten Welpen gegenüber angemessen dosieren. Vorausgesetzt natürlich, er verfügt über ein gutes Sozialverhalten.

Spielverhalten gegenüber Welpen

Sind diese Voraussetzungen gegeben, sollten Sie Ihren Hund mit mehreren Welpen zusammen genau beobachten: Spielt er gern mit Welpen? Oder wird es ihm schnell zu viel? Spielt er hingebungsvoll und ausdauernd mit den kleinen Zwergen, steht einer Aufnahme natürlich nichts im Wege. Auch der neutrale Ignorant, der über Welpen zwar hinwegsieht, prinzipiell aber nichts gegen sie einzuwenden hat, ist als „Ziehvater“ oder „-mutter“ geeignet. Schon schwieriger wird es, wenn der erste Hund Welpen eigentlich ablehnt oder ihnen gar aggressiv gegenübertritt. (Damit ist allerdings nicht gemeint, dass der erwachsene Hund den kleinen Frechdachs nicht auch einmal zurechtweisen darf.)
Zwar ist es auch hier oft möglich, beide langsam aneinander zu gewöhnen, aber zuverlässig vorhersagen, ob es klappt, kann leider niemand. Wir würden Ihnen in diesem Fall eher von der Aufnahme eines Welpen abraten.

Vorsichtige Kontaktaufnahme und freundliches Spiel

Vorbereitungen

Das erste Zusammentreffen zwischen Ihrem Ersthund und dem Welpen sollte weder beim Züchter noch bei Ihnen zu Hause geschehen. Es muss natürlich nicht so aufwändig gestaltet werden wie beim ersten Aufeinandertreffen fremder erwachsener Hunde.

Eine möglichst ruhige Wiese reicht völlig aus. Diese darf auch im normalen Auslaufgebiet Ihres Hundes liegen.
Für den Welpen ist die ganze Angelegenheit natürlich sehr anstrengend. Erst die Trennung von der Mutter und den Geschwistern und dann gleich noch das Kennenlernen eines fremden Hundes. Bitte rechnen Sie nicht damit, dass die beiden gleich ein fröhliches Spiel beginnen, obwohl das durchaus möglich ist.
Geben Sie den beiden auf der Wiese einige Minuten Zeit, einander zu beschnuppern und sich kennen zu lernen.

Der Welpe ist nicht König!

Auch wenn es gerade in den ersten Tagen nach der Übernahme eines neuen Welpen sehr schwer fällt: Keinesfalls darf sich alles um den Kleinen drehen und der erwachsene Ersthund außen vor bleiben. Das ist leichter gesagt als getan! Schon allein die notwendige Beaufsichtigung und Erziehungsarbeit beim Welpen beansprucht sehr viel Zeit. Wir können Ihnen nur raten, den Kleinen von Anfang an an eine Transportbox zu gewöhnen, damit Sie sich auch dem „Großen“ immer wieder in Ruhe widmen können.

Diese beiden sind ein gutes Team.

Zurechtweisung durch den erwachsenen Hund

Bevor Sie sich sicher sind, dass alles gut geht, sollten Sie die beiden Hunde noch nicht allein lassen. Das bedeutet keinesfalls, dass sich der Große alles gefallen lassen muss. Im Gegenteil: Damit der Welpe ein angemessenes Sozialverhalten erlernen kann, ist er dringend auf angemessene Zurechtweisungen seitens erwachsener Hunde angewiesen.

Die erwachsene Hündin inspiziert den Junghund.

Dorit Feddersen-Petersen (2004) sagt dazu: „Die viel zitierte Narrenfreiheit der Welpen ist nicht unbegrenzt. Vielmehr provozieren die erwachsenen Tiere geradezu Situationen, in denen Welpen immer wieder an Grenzen stoßen – und es gibt gezielte Sanktionierungen."

Ob die Zurechtweisungen des Älteren noch angemessen sind oder nicht, kann man recht gut an der Reaktion des Kleinen feststellen: Ein Wegducken, Aufschreien und Wegrennen liegt immer noch im Bereich der normalen Reaktion. Normal ist es, wenn der Welpe anschließend beeindruckt und respektvoller ist, aber keine Angst vor dem erwachsenen Hund zeigt, sondern sich nach kurzer Zeit wieder heranwagt.

INFO

Es kann passieren, dass Ihr erwachsener Hund kein einziges Mal mit dem Kleinen zu spielen beginnt. Und es ist durchaus im Bereich des Möglichen, dass der Erwachsene keinerlei Kontaktaufnahme des Welpen zulässt, sondern ihn von vornherein wegknurrt. Auch das gibt es: Zwei Hunde leben in einem Haushalt mehr oder weniger nebeneinander her, ohne wirklich befreundet zu sein, aber auch ohne zu streiten.

Kontakt des Welpen zu fremden Hunden

Auch wenn Ihr Gespann sehr schön zusammen spielt, müssen Sie dafür Sorge tragen, dass Ihr Welpe regelmäßig Kontakt sowohl mit anderen erwachsenen Hunden als auch mit gleichaltrigen Welpen hat. Das erfordert zum einen den Besuch einer gut geführten Welpenspielgruppe und zum anderen regelmäßige Erziehungsspaziergänge mit dem Welpen allein, bei denen er auf möglichst viele verschiedene erwachsene Hunde trifft. „Regelmäßig“ bedeutet auf jeden Fall täglich! Glauben Sie bitte nicht, der soziale Kontakt zu Ihrem Ersthund sei für den Welpen ausreichend. Zwar sind beide Hunde damit zufrieden, aber Sie nehmen Ihrem Welpen die Chance, später auch mit anderen Hunden auszukommen. Das steigert die Gefahr, dass sich beide Hunde zu einem „Ramborudel“ entwickeln.

Neben der Gehorsamserziehung sollten Sie auch sehr großen Wert darauf legen, dass der Welpe lernt, allein zu bleiben. Leider müssen Sie immer damit rechnen, einen der Hunde durch Unfall oder Krankheit zu verlieren, sodass der andere plötzlich allein klarkommen muss.

Dieser verhält sich angemessen: Ein guter Start.

ZWEI HUNDE ERZIEHEN

VON GUTEN UND SCHLECHTEN VORBILDERN

Wir erleben es leider immer wieder, dass sich Menschen mit einem unerzogenen Ersthund den zweiten Hund mit dem festen Vorsatz anschaffen: „Jetzt wird alles besser", und dann schließlich zwei unerzogene Hunde besitzen. Selbstverständlich lässt sich auch das noch ändern, aber nur mit sehr viel Zeit- und Energieaufwand.
Leider neigen Hunde dazu, sich die unangenehmen Eigenschaften vom vierbeinigen Kumpel abzuschauen.

Hilfsausbilder Hund

Haben Sie einen gut erzogenen erwachsenen Ersthund und holen sich einen Welpen dazu, kann das die Erziehung des Kleinen erleichtern. Schließlich wird er sich sehr an seinem großen Onkel oder seiner großen Tante orientieren und es dadurch leicht machen, erwünschtes Verhalten zu belohnen. Die Erziehung ersetzt ein solches „leuchtendes Vorbild" jedoch nicht!

Beide Hunde befolgen zuverlässig den Komm-Pfiff.

„Das ist mein Partner!“

Ein weiterer, unserer Meinung nach nicht zu unterschätzender Punkt betrifft die Rangordnung der Hunde untereinander. Schließlich erfährt der junge Hund eine ununterbrochene Ein- und Unterordnung, die bei einem Einzelhund natürlich so nicht gegeben ist. Beispielsweise wird er täglich mehrfach zurechtgewiesen oder auch einfach nur daran gehindert, jetzt das Lieblingskörbchen aufzusuchen, weil es bereits besetzt ist. Unterschätzen Sie solche kleinen Gesten nicht! Hilfreich sind auch hier wieder die Welpenvideos der Trumlerstation. Vereinzelt trifft man auf extrem gutmütige erwachsene Hunde, die dem Jungspund alles durchgehen lassen. Das ist leider kontraproduktiv, weil dem Kleinen dadurch ein völlig falsches Bild von erwachsenen Hunden vermittelt wird. Sollte diese Konstellation bei Ihnen zutreffen, ist der junge Hund dringend darauf angewiesen souveräne, erwachsene Hunde kennen zu lernen, die ihm in angemessener Form Grenzen aufzeigen.

„Hau gefälligst ab und lass meinen Kumpel in Ruhe.“

Wann wird ein Eingreifen notwendig?

Was Sie jedoch nicht zulassen sollten – weder von anderen Hunden noch vom eigenen Hund –, sind beispielsweise folgende Situationen:

- Sie erwischen einen Ihrer Hunde beim Ausräumen des Papierkorbs und weisen ihn zurecht. Ihr zweiter Hund hilft Ihnen dabei und stürzt sich ebenfalls auf den „Übeltäter". Glauben Sie bitte nicht, dass der zweite Hund in der genannten Situation moralisch entrüstet ist und Ihren Tadel unterstützen will. Er nutzt die Situation lediglich schamlos aus, um selbst einmal ein wenig auftrumpfen zu können (vielleicht steckt ein kleiner Mobber in ihm?). Möglicherweise ist auch die Rangordnung zwischen den beiden Hunden nicht ganz geklärt und der Tadel ist nur willkommener Anlass für einen Streit.

- Bei Hundebegegnungen erlebt man oft, dass einer der Hunde sich mehr oder weniger unauffällig zwischen seinen Kumpel und die fremden Hunde schiebt. Auch auf dieses Verhalten sollten Sie ein kritisches Auge haben. Bitte gehen Sie nicht davon aus, dass es sich immer um drohendes Unheil handelt und der Hund nur „splitten" will. Mit „splitten" ist gemeint, dass einer der Hunde einen drohenden Streit verhindern möchte, indem er „dazwischengeht". Dieses Verhalten wird von Hunden zwar hin und wieder gezeigt, aber bei weitem nicht so häufig, wie man denkt. Viel häufiger handelt es sich um pures Machtgehabe und um das Thema: „Ich bestimme, mit wem sich mein Kumpel unterhält!" Gerade wenn sich Ihr Zweithund noch im Welpen- oder Junghundealter befindet, ist er dringend darauf angewiesen, sich mit fremden Hunden ungestört auseinander setzen zu können. Schließlich soll er in Zukunft nicht nur mit seinem Kumpel, sondern auch mit allen anderen Hunden auskommen.

„Geschafft!"

HÖRZEICHEN

Alle für einen?

Bei der Wahl der Hörzeichen gibt es zwei Möglichkeiten:

Für jeden Hund eigene Hörzeichen

Diese Methode hat den Vorteil, dass jeder Hund genau weiß, wann er gemeint ist, und dass der andere sich nicht angesprochen fühlt. Der Nachteil ist allerdings, dass man zusätzlich „universelle" Hörzeichen benötigt, mit denen beide Hunde gemeint sind. Kommt möglicherweise noch ein dritter oder vierter Hund hinzu, steigt die Anzahl der Hörzeichen und damit die Verwechslungsgefahr natürlich immens an.

Training mit Pfeife – die Belohnung ist schon bereit.

Gleiche Hörzeichen für alle

Wir handhaben es so: Für alle unsere Hunde gelten die gleichen Hörzeichen, wie z. B. **SITZ**, **PLATZ**, **KOMM**. Wird nur das Hörzeichen ausgesprochen, gilt es für alle anwesenden Hunde. Das ist im Alltag sehr praktisch und einfach zu handhaben. Der Nachteil dieser Methode liegt darin, dass der Neuankömmling die Hörzeichen zwar hört, aber noch nicht befolgt. Er soll jedoch keinesfalls lernen, sie zu ignorieren. Das bedeutet, dass der Azubi auf jeden Fall unter Kontrolle stehen muss, damit das gegebene Hörzeichen (das die anderen Hunde hoffentlich sofort befolgen) mit dem Azubi im gleichen Moment trainiert werden kann.

Ansprechen eines Hundes

Soll nur einer der Hunde angesprochen werden, stellen wir seinen Namen vor das Hörzeichen, also z. B. **ZEPPOPLATZ**. Keinesfalls sollte zwischen dem Namen und dem Hörzeichen eine Pause oder – noch schlimmer – ein „Fragezeichen" stehen. **ZEPPOOO**? ... **PLATZ**? führt bei den wenigsten Hunden zum gewünschten Ergebnis, da der Hund völlig richtig davon ausgeht, dass der Mensch sich seiner Sache nicht

Fußtraining, während der andere Hund warten muss.

sicher ist. Auf diese Weise lernt der Hund, dass er seinen Namen getrost ignorieren kann.
Natürlich kann man nicht davon ausgehen, dass die Hunde diese Methode auf Anhieb verstehen. Es muss geübt werden, wie alles andere auch.

Übungen

Beispielsweise können Sie einen der Hunde ins **PLATZ** legen und mit dem anderen in der unmittelbaren Nähe **SITZ** oder **PLATZ** üben. So können Sie schnell jedem der Hunde Hilfestellung leisten, wenn er durcheinander gerät. Ist der Gehorsam bei einem der Hunde noch nicht gefestigt, sodass er nur halbwegs zuverlässig liegen bleibt, können Sie ihn auch anbinden. Wie immer: Übung macht den Meister!
Funktioniert das getrennte Ausführen von Hörzeichen bei einfachen Anforderungen wie **SITZ** oder **PLATZ**, sollten Sie den Schwierigkeitsgrad erhöhen. Eine schwierigere Übung ist beispielsweise das Werfen eines Apportiergegenstandes oder eines Spielzeugs, und nur einer der Hunde darf es auf Ihre Aufforderung hin holen.

Freifolge

Sehr praktisch im Alltag ist das freie Folgen an der Seite des Menschen. Auch hierfür haben wir mehrere Hörzeichen: **FUSS** für das bei Prüfungen verlangte, dichte und ununterbrochen aufmerksame „Kleben" am Bein des Menschen. Selbst wenn das jeder Hund für sich beherrscht, sollten Sie es keinesfalls verwenden, wenn beide Hunde an Ihrer Seite laufen sollen. Schließlich muss zwangsläufig einer der beiden etwas weiter weg von Ihrem Bein laufen und das würde dem prüfungsgerechten **FUSS** deutlich widersprechen. Abgesehen davon ist es im Alltag weder erforderlich, noch für den Hund längere Zeit durchführbar (beispielsweise bei einem Stadtbummel), dass der Hund im „Übungsplatz-Stechschritt" neben Ihnen läuft. Unsere Hunde beherrschen also noch ein Hörzeichen für das zwanglose Laufen an der rechten oder linken Seite (für jede Seite ein eigenes). Dabei ist es egal, ob der Hund jetzt zwei, drei Schritte seitlich versetzt läuft. Er darf aber auch hier weder vorpreschen noch zurückbleiben. Seit mein Rudel auf vier Hunde angewachsen ist, ist noch ein weiteres Hörzeichen hinzugekommen: **ZUSAMMEN**. Dabei ist es mir egal, ob die Hunde rechts oder links laufen, Hauptsache in einem Umkreis von maximal einem Meter um mich herum. Ansonsten gerät nämlich mein Chihuahua unter die Pfoten der anderen. Dieses Hörzeichen benutze ich beispielsweise auf dem Weg vom Stall zur Koppel oder in ähnlichen Situationen.

Alle Hörzeichen müssen Sie erst einmal an der Leine üben, bis Sie erwarten können, dass sie auch frei funktionieren.

WICHTIG

Gibt es Probleme im Zusammenleben zwischen den Hunden und legt der Ranghöhere Wert darauf, sollte er den „wichtigeren" Platz direkt neben Ihnen erhalten.

BELOHNUNG

Prinzipiell erhält nur der Hund eine Belohnung, mit dem Sie gerade eine Übung absolvieren. Dulden Sie nicht, dass sich ein anderer dazwischendrängelt oder gar versucht, sich das Leckerchen zu schnappen.

Wer ist gemeint? Ich rufe Flip während des Spaziergangs heran. Die anderen Hunde werden natürlich aufmerksam. Jordy, der Border Collie, wendet kurz den Kopf und läuft dann weiter. Zeppo, der Langhaarschäfer, braucht wie immer ein wenig länger und kommt dann aus Neugier ebenfalls angetrabt, erkennt währenddessen, dass er nicht gemeint war, und läuft dem Border Collie hinterher, mit dem er während der Spaziergänge am liebsten Rennspiele veranstaltet. Shean, der Aussie, kommt ebenfalls angerast, überholt den Chihuahua, setzt sich direkt vor mich und starrt mich an. Er ist unglaublich verfressen und würde wahrscheinlich auch Kopfstand machen, wenn er nur könnte und es eine Belohnung dafür gäbe. Ich ignoriere ihn und freue mich über die Ankunft von Flip, der, da er sich noch in der Erziehungsphase befindet, ein Leckerchen erhält. Mit **LAUF** darf er weiterspielen. Shean starrt mich immer noch an und hofft auf eine Belohnung für sein torpedoartiges Kommen. Ich gehe ohne einen Kommentar weiter, woraufhin Shean aufgibt und sich ebenfalls trollt.

TIPP

Seit wir mehr als zwei Hunde besitzen, ist noch ein Aufmerksamkeitszeichen hinzugekommen: Auf HUNDIIIS-KOMM kommen alle herbeigelaufen.

Man könnte in dieser Situation der Meinung sein, dass Shean für sein tolles Kommen ebenfalls ein Leckerchen erhalten sollte. Wir sehen das anders. Shean ist von mir nicht gerufen worden und hat auch vom Gehorsamsstand keine Erziehung mehr nötig. Würde ich ihm in dieser Situation eine Belohnung geben, hätte er mir den Befehl dafür erteilt und ich hätte ihn brav ausgeführt.
Falls Sie jedoch auch den eigentlich nicht herangerufenen Hund für sein tolles Kommen belohnen möchten, können Sie ihn, noch während er auf Sie zuläuft, ebenfalls heranrufen. Dann bekommt er natürlich auch eine Belohnung. Belohnt man ihn, während er seinen Menschen auffordernd anstarrt (nach dem Motto: Wenn ich meinem Menschen das Sichtzeichen **SITZ** zeige, dann muss er mir ein Leckerchen geben!), dann hat der Hund einen weiteren Punkt gewonnen im Spiel „Menschenerziehung leicht gemacht".

Begegnung mit fremden Hunden

Sie gehen mit Ihren beiden Hunden spazieren: Hund A ist schon recht gut erzogen und darf frei laufen. Hund B befindet sich noch in der Erziehung und hört noch nicht zuverlässig. In diesem Fall haben Sie ihn selbstverständlich an der Schleppleine, um gezielt trainieren zu können. Von weitem sehen Sie frei laufende Hunde auf sich zukommen. Sie wissen, dass Hund B in dieser Situation nicht zuverlässig folgt,

Auch das will gelernt sein:

möchten aber, dass er vor Hund A Gelegenheit hat, die Hunde zu begrüßen, damit er allein „Wackelkontakte“ (Sozialkontakte) pflegen kann. Ihre Übungsvorstellung ist: Sie rufen Hund A heran, damit Sie ihn ablegen können, rufen anschließend Hund B, den Sie voraussichtlich mittels Richtungswechsel vom Herankommen überzeugen müssen. Als Belohnung soll er dann zu den anderen Hunden laufen dürfen.
Doch als Sie Hund A heranrufen, kommt auch Hund B freudig angesaust! Damit Sie ihn in diesem Fall sinnvoll belohnen können, rufen Sie noch schnell das universelle Hörzeichen für beide (beispielsweise **HUNDIIIS-KOMM**). Falls die Hunde schon direkt vor Ihnen sind, können Sie das Hörzeichen ruhig noch rufen und einfach ein paar Schritte rückwärts laufen. Jetzt können Sie beide belohnen, dann Hund A ins **PLATZ** legen und Hund B laufen lassen. Natürlich nur, wenn die entgegenkommenden frei laufenden Hunde noch so weit weg sind, dass Sie genügend Zeit für diesen Übungsaufbau haben. Verlangen Sie von keinem Ihrer Hunde **SITZ** oder **PLATZ**, wenn ein frei laufender Hund ihn schon begrüßt oder gar die Nase ins Fell steckt. In diesem Fall rufen Sie noch schnell ein **LAUF**, um die Hunde freizugeben.

Ein wildes Spiel mit einem der Hunde, und der andere liegt im Platz.

TRAINING MIT MEHREREN HUNDEN

Ist das Training schon so weit fortgeschritten, dass mit allen Hunden gleichzeitig trainiert werden kann, sollte man – je nach Verhältnis der Hunde untereinander – unbedingt den Ranghöchsten zuerst und, nach dem Training mit den anderen Hunden, auch zuletzt nochmals „drannehmen“.

Reihenfolge der Belohnung

Wenn alle Hunde gerufen werden, kann man nicht allen gleichzeitig ein Leckerchen geben. Die Leckerchen sollten in der Reihenfolge der Rangordnung verteilt werden. Keinesfalls dürfen Drängeleien oder Klauversuche der Hunde untereinander geduldet werden. Bei vier Hunden oder mehr ist natürlich nicht zu gewährleisten, dass jeder Hund seine Belohnung gemäß der Zwei-Sekunden-Regel erhält. Man kann sich behelfen, indem man während des Leckerchenverteilens weiter verbal lobt, sodass die Hunde in freudiger Erwartung bleiben.

Solches Verhalten verdient sehr viel Lob.

ZWEI-SEKUNDEN-REGEL

Die Zwei-Sekunden-Regel besagt, dass der Hund für ein erwünschtes Verhalten innerhalb von zwei Sekunden auch belohnt werden muss, damit er beides miteinander verknüpfen kann und somit die Belohnung im Sinne einer erfolgreichen Erziehung sinnvoll ist (Gleiches gilt natürlich für eine Korrektur bei unerwünschtem Verhalten).

ABBRUCH EINES VERHALTENS

Achtung, Falle!

Wenn Sie zu Ihrem sensiblen, leicht zu beeindruckenden Ersthund einen robusteren, dreisteren Zweithund bekommen, kann sich folgendes Problem ergeben: Angenommen, Sie üben mit Ihrem Welpen oder Neuankömmling gerade während des Spaziergangs das **NEIN** hinsichtlich Müllfressens. Bei jedem energischen **NEIN** zuckt Ihr Ersthund verunsichert zusammen und zeigt Beschwichtigungsverhalten. Was tun? Während Ihr Welpe Marke Rocker immer noch reichlich unbeeindruckt erscheint, ist der ältere Sensible einem Nervenzusammenbruch nahe.
Brechen Sie die Übungen mit dem Welpen an dieser Stelle erst einmal ab und ignorieren Sie das verunsicherte Verhalten des älteren Hundes völlig. Rennen Sie ein wenig, hüpfen Sie, singen Sie ein Liedchen und beginnen Sie dann mit Futtersuchspielen für den Ersthund. Den Welpen nehmen Sie währenddessen an die kurze Leine. Gerade bei ignoranten Kandidaten ist es eine gute Übung, jetzt mal die Nummer zwei spielen zu müssen.

NEIN

Zu Hause beginnen Sie mit der Etablierung des **NEIN** in Verbindung mit dem Namen des Welpen: **ZORRONEIN**! Ihr Ersthund sollte dabei nicht anwesend sein.

Erste NEIN-Übung

Halten Sie dem Hund ein paar Leckerchen auf der flachen Hand hin. Sobald er sie nehmen möchte, schließen Sie die Finger um die Leckerchen und sagen ein strenges (nicht lautes!) **NEIN**. Dulden Sie nicht, dass er an Ihren Fingern knabbert. Beim Welpen hilft ein Fingerschnippen oder ein leichter Klaps mit zwei Fingern gegen die Schnauze. Sobald der Hund aufgibt und seine Schnauze zurückzieht, können Sie ihm das Futter mit einem **NIMMS** anbieten und ihn kurz fressen lassen. Danach folgt wieder ein **NEIN** und die Hand schließt sich.

Ist das **ZORRONEIN** schließlich nach einigen Tagen fleißigen Übens gut etabliert, üben Sie es beispielsweise im Wohnzimmer oder im Garten noch einmal. Ihr Ersthund wird entweder von jemand anderem beschäftigt oder bekommt etwas besonders Leckeres zu fressen. Ziel ist es, ihm zu verdeutlichen, dass das strenge **ZORRONEIN** nicht für ihn gedacht ist und keinesfalls von ihm negativ besetzt wird. Blicken Sie nicht zu ihm hin, um seine Reaktion zu überprüfen. Jeder Blickkontakt wird ihm womöglich signalisieren, dass er doch gemeint ist! Im Laufe der nächsten Wochen wird er lernen, dass er nicht gemeint ist, und sich daran gewöhnen. Je mehr Aufhebens Sie jedoch um seine Verunsicherung machen, desto länger wird es dauern!

Disk

Abbruchkommando für zwei Hunde?

Jegliches Arbeiten mit Tonsignalen, sei es Clicker oder auch Abbruchkommandos über Wurfkette oder Disk müssen bei mehreren Hunden gut überlegt werden.
Gibt es einen „Hauptschuldigen" bei Problemen, ist der Einsatz noch relativ klar – natürlich wird nur er auf die Disk (oder Wurfkette) konditioniert.

Desensibilisierung

Sollte der zweite Hund sehr geräuschempfindlich sein, können Sie ihn vor Einsatz der Disk gezielt desensibilisieren, d. h. an das Geräusch gewöhnen, damit er keine Angst davor hat. Währenddessen sollte natürlich der „Diskkandidat" nicht anwesend sein. Benutzen Sie die Disk oder Wurfkette leise rasselnd, während der Hund frisst. Beachten Sie ihn dabei nicht, sondern beobachten Sie ihn nur verstohlen aus den Augenwinkeln. Frisst er unbeeindruckt weiter, können Sie die Intensität des Geräusches erhöhen und schließlich auch einmal die Disk fallen lassen. Falls der Hund vom Fressen aufblickt, sprechen Sie ihn keinesfalls an.

Wenn der Hund versucht, das Leckerchen zu nehmen, wird die Disk geworfen.

Bricht der Hund jedoch schon beim leisesten Klappern seine Mahlzeit ab und frisst von sich aus auch nicht weiter, müssen Sie davon ausgehen, dass er so geräuschempfindlich ist, dass Sie um eine langwierige Geräuschdesensibilisierung nicht herumkommen. In diesem Fall würden wir Ihnen vom Einsatz eines Abbruchkommandos über Geräuscheinsatz (wie Disk oder Wurfkette) abraten, da selbst bei einer sorgfältig vorgenommenen Desensibilisierung die Gefahr groß ist, dass der Hund beim Einsatz später einen Rückfall erleidet.
Der Einsatz eines Ferntrainers mit Wassersprühstrahl für den Rabauken ist eventuell eine Alternative. Dies sollten Sie jedoch mit einem kompetenten Hundetrainer absprechen.

Jagdverhalten

Hat man zwei schwierige Kandidaten, gilt es zu überlegen, welches Problem es mit dem Abbruchkommando zu bewältigen gilt. Gut machbar ist der Einsatz von Disk oder Wurfkette, wenn beide jagen, da relativ unwahrscheinlich ist, dass angesichts eines Rehs nur einer durchstartet und der andere nicht.

Der Hund erschrickt, springt zurück und wird übertrieben von seinem Besitzer getröstet.

ZWEI HUNDE GLEICHZEITIG ERZIEHEN

Sie haben sich doch entschlossen, zwei Hunde gleichzeitig aufzunehmen? Dann gibt es viel zu tun!

Welpen

Natürlich ist es für Welpen traumhaft, sich nicht von ihren Wurfgeschwistern trennen zu müssen und jederzeit einen passenden Spielpartner zu haben. Schwierig wird es eigentlich nur für den Menschen. Wenn Sie Wert auf eine gute Bindung jedes Welpen zu Ihnen legen, sollten Sie den „Arbeitsplan" im Kasten beachten.

Gemeinsame Spaziergänge sind für die Hunde schön. Planen Sie aber auch getrennte Trainingseinheiten.

ARBEITSPLAN

Täglich mit jedem Welpen einzeln:

- **ein Erziehungsspaziergang in unbekannter Umgebung;**
- **ein Ausflug zur Umweltsozialisierung;**
- **eine Übungseinheit „Allein bleiben".**

Man kann natürlich beide Welpen im Auto mitnehmen und jeweils einen im Auto warten lassen (falls Ihnen Ihre Sicherheitsgurte und die sonstige Innenausstattung lieb sind, in einer Transportbox). Das geht aber nur bei entsprechenden Witterungsverhältnissen. Besser ist, den anderen zu Hause warten zu lassen, damit hat man auch gleich Punkt drei erledigt. Wenn man es richtig machen möchte, ist man ungefähr zwei Stunden beschäftigt. Bitte aber nicht am Stück, das würde die

Zwei Hunde können Sie entweder nebeneinander führen, oder den einen rechts und den anderen links.

Welpen überfordern. Mit einem Welpen erst spazieren gehen und gleich anschließend noch einen Stadtausflug planen ist zu viel des Guten! Zusätzlich sollten Sie noch einmal mit beiden Welpen gemeinsam spazieren gehen, denn das soll später ja auch klappen. Kleine Übungseinheiten mit **SITZ**, **PLATZ**, **FUSS** etc. können Sie tagsüber immer wieder einschieben.

Erwachsene Hunde

Das alles gilt natürlich auch bei der Aufnahme zweier erwachsener Hunde. Wenn Erziehungsdefizite bestehen, führt kein Weg daran vorbei, mit den Hunden getrennt zu trainieren.

ALLEIN BLEIBEN

Dieser Punkt wird bei der Mehrhundehaltung gern vernachlässigt (wir nehmen uns da nicht aus, denn es erfordert viel organisatorischen Aufwand und Mühe, das Allein bleiben regelmäßig zu trainieren).

Gemeinsam einsam!

Es ist unbedingt erforderlich, dass jeder Ihrer Hunde für sich allein bleiben kann, d. h. ohne seinen Hundekumpel. Auch wenn dies in Ihrem Alltag nicht erforderlich sein sollte, können sich jederzeit Unwägbarkeiten wie Krankheit eines Hundes mit Klinikaufenthalt ergeben. Oder Sie müssen aufgrund von eigener Erkrankung die Hunde auf mehrere Bekannte etc. aufteilen. Ein Hund lässt sich schließlich leichter in Betreuung vermitteln als mehrere! Abgesehen davon kann leider auch der traurige Fall eintreten, dass einer der Hunde stirbt.

EIN FALL AUS DER PRAXIS
SELBSTBELOHNENDES VERHALTEN

Die blonde Labradorhündin Lacey war eine typische und reizende Vertreterin ihrer Rasse. Ohne großen Erziehungsaufwand hatte sie sich zu einem angenehmen Hausgenossen entwickelt und auch bei den gemeinsamen Spaziergängen gab es keine großen Probleme. Ihre Angewohnheit, jedem entgegenkommenden Passanten begeistert und schwanzwedelnd entgegenzustürzen, wurde von den meisten wohlwollend belächelt. Hin und wieder gab es hierdurch zwar Ärger für die Besitzer, aber das kam selten vor.
Als Lacey drei Jahre alt war, zog die kleine schwarzmarkene Hovawarthündin Cagney ein. Cagney hatte keine optimale Prägephase erfahren und war das genaue Gegenteil der extrovertierten Lacey. Da sich Cagney aufgrund ihrer Ängstlichkeit auf Spaziergängen nicht sehr weit entfernte, wurde in ihre Erziehung nicht viel Zeit investiert.

Entwicklung des Problems

Kurz nach der ersten Läufigkeit von Cagney zeigte sich jedoch schnell, dass dies ein Fehler gewesen war. Während Lacey nach wie vor schwanzwedelnd auf jeden Fußgänger losstürmte, tat Cagney ihr das nach – jedoch mit gesträubtem Fell und lautem Bellen. Sie hielt zwar noch einen gebührenden Sicherheitsabstand und verletzte niemanden. Aber kaum ein Passant fand es lustig, von einem freundlichen Labrador begrüßt und gleichzeitig von einem schwarzmarkenen Hovawart bellend umkreist zu werden.
Während die Besitzer darauf warteten, dass sich das Problem von alleine löst, änderte sich die Rangfolge der beiden Hündinnen. Die – im Gegensatz zu ihrem Verhalten draußen – im Haus sehr selbstbewusst auftretende Hovawarthündin übernahm kampflos die Vorherrschaft. Lacey, der das alles nicht so wichtig war, überließ ihr bereitwillig die Führung und ordnete sich unter.
Nach einigen Monaten änderte sich zudem Laceys Verhalten bei den Spaziergängen: Beeinflusst durch die immer dominanter auftretende Cagney und das geänderte Verhalten sowohl der Passanten (viele schimpften über

das unangenehme Verhalten der Hunde) als auch die verstärkten Erziehungsbemühungen der Besitzer (sie liefen hektisch rufend hinter den beiden Hunden her) begann Lacey ebenfalls, verstärkt Menschen anzubellen. Nun versuchten die Besitzer, Cagney beim Auftauchen von Passanten heranzurufen und anzuleinen. Geschah das rechtzeitig, klappte es gut. Allerdings tobte und bellte die schwarze Hündin nun an der kurzen Leine umso mehr. Auch mit gutem Zureden ließ sich das Verhalten nicht ändern und Lacey folgte immer mehr dem Vorbild Cagneys.

Einzeltraining

Dies war der Stand, als die Besitzer unsere Hundeschule aufsuchten. Wir testeten erst einmal, ob es ausreichte, eine der Hündinnen an die Schleppleine zu nehmen. Leider war es egal, welche der Hündinnen dadurch kontrolliert wurde, die andere war im Falle des Falles nicht mehr ansprechbar und das Problem natürlich nicht gelöst.
Es blieb also nur der zeitaufwändigere Weg, mit beiden Hunden einzeln zu trainieren und den Gehorsam erst einmal wieder auf eine sichere Basis zu stellen. Mit Lacey ging das verhältnismäßig schnell – natürlich unter Zuhilfenahme der Hausstandsregeln. Insgesamt aber erschwerte die Situation,

So ein Spaziergang macht keinem Spaß.

dass die Hunde tagsüber von den Großeltern der Besitzer betreut wurden, die beide Hunde sehr verwöhnten und ihnen jeden Wunsch erfüllten. So musste sich eine der Hündinnen nur mit fragendem Blick vor die Terrassentür stellen, schon wurde diese prompt geöffnet. Nachdem sie eine kurze Kontrollrunde im Garten gedreht hatte, wollte sie wieder hereingelassen werden. Dieses „Spiel" veranstalteten die Hündinnen mehrfach täglich, und es war sehr viel Überzeugungsarbeit notwendig, bis das „Verwöhnaroma" im Haus deutlich reduziert wurde. Damit ging dann auch die Erziehung draußen schneller vonstatten. Die Hovawarthündin erwies sich jedoch als hartnäckig, und alles in allem vergingen mehrere Monate, bis beide Hunde kontrollierbar waren.

Fußlaufen mit zwei Hunden. Beide sind sehr aufmerksam.

Die Versäumnisse in der Jugendzeit der Hündin waren nicht so ohne weiteres wieder aufzuholen. Cagney wurde also lange Zeit an der Schleppleine geführt, um sie jederzeit kontrollieren und heranrufen zu können. Gerade bei einem selbstbelohnenden Verhalten wie ihrem ist das absolut erforderlich. Selbstbelohnend war das Verhalten für einen tendenziell unsicheren Hund wie Cagney auf jeden Fall. Schließlich gelang es ihr ständig, die Passanten zum einen einzuschüchtern und zum anderen zu „vertreiben". Dem Hund ist natürlich nicht bewusst, dass der Passant so oder so weitergegangen wäre, sondern er verbucht es als Erfolg.

ERZIEHUNGSPROBLEME

Der Beginn kleiner Probleme

Ein typisches Beispiel für den unbemerkten Beginn kleiner Probleme ist folgende Situation: Ein Jogger kommt entgegen und man möchte seinen Neuankömmling heranrufen. Dem Ersthund rufen Sie wie gewohnt ein kurzes **MAXPLATZ** zu und rufen anschließend gleich **FLIPHIER**. Flip kommt oder auch nicht, in jedem Fall ist Ihre ganze Konzentration jetzt auf Flip gerichtet. Max hingegen, dem das **PLATZ** gerade ganz ungelegen kommt, weil es an diesem Busch einige Meter voraus soo attraktiv riecht, wirft seinem Menschen einen unwilligen Blick zu. Wäre man jetzt nicht mit Flip beschäftigt, würde der Blick noch auf Max ruhen und der – dies registrierend – würde das Hörzeichen befolgen. Doch Max stellt fest, dass überhaupt nicht auf ihn geachtet wird. Je nach Veranlagung zeigt er jetzt nur ein „halbes" **PLATZ** oder er läuft erst einmal zu seiner tollen Schnupperstelle und legt sich dort hin. Ist der Gehorsam bei Max vielleicht etwas wackelig oder ist er ein recht dreistes Exemplar der Gattung Hund, beschließt er vielleicht, das Hörzeichen komplett zu ignorieren. Wenn diese ganze Aktion jetzt vom Menschen überhaupt nicht registriert wird, weil beispielsweise immer noch mit Flip geübt und beim Weitergehen schließlich vergessen wird, dass Max eigentlich im **PLATZ** liegen müsste, hat man einen ersten großen Schritt in Richtung

Eine schwierige Übung: Alle liegen und nur einer darf kommen.

„Probleme der Mehrhundehaltung“ getan. Es ist nur allzu menschlich, wenn derartige Fehler passieren. Auch die konsequentesten Ausbilder sind nicht davor gefeit. Schließlich verfügt man nur über zwei Augen und gerade pubertäre Junghunde fordern oft die ganze Aufmerksamkeit. Wichtig ist, dass man sich dieser Problematik bewusst ist und nicht nur situationsbezogen trainiert. Damit ist gemeint, dass man eben die beschriebene Situation nicht nur übt, wenn wirklich ein Jogger oder eine sonstige Ablenkung auftaucht.

Es muss intensiv mit jedem Hund einzeln geübt werden.

Probleme im eigenen Rudel

Rüde – Rüde

Handelt es sich um zwei Rüden, wird oft zur Kastration geraten. Dies sollte jedoch differenziert betrachtet werden. Der vermeintliche Unruhestifter sollte nicht sofort kastriert werden, sondern erst nach reiflicher Überlegung. Wenn Sie über eine Kastration nachdenken, kommt i. d. R. der rangniedrigere Hund infrage! Häufig wird das Gegenteil empfohlen, doch dies ist falsch! Mit der Kastration nimmt man dem Rüden erst einmal einiges an Status und „Machogehabe“ durch die Reduktion der Testosteronproduktion. Kastriert man den Rangniedrigeren, wird er für den „Chef“ viel weniger „gefährlich“. Der kastrierte Rüde hingegen hat weniger Motivation, im Rang aufzusteigen. Beides führt meistens zu einer stabileren Rangordnung und damit zu einem friedlicheren Zusammenleben. Das trifft natürlich nicht bei allen Hunden zu und schon gar nicht, wenn das Verhalten über Jahre etabliert ist.

Sandra Zilch mit Australian Shepherds aus dem Zwinger „S bar L“.

Wird das geduldet?

Ist hingegen der ranghöhere Rüde auch nach außen hin sehr „machohaft“ und macht Ihnen evtl. Probleme durch Raufereien mit anderen Rüden etc., sollten Sie ihn ebenfalls kastrieren lassen. Zunächst jedoch den rangniedrigeren Rüden, damit sich die Rangordnung erst einmal stabilisieren kann. Nach einigen Wochen kann dann der zweite Rüde kastriert werden.
Dr. Peter Neville, ein britischer Verhaltensexperte, empfiehlt übrigens, bei Problemen immer beide Hunde zu kastrieren, da dies seiner Meinung nach die Spannung zwischen den Hunden auflöst.
Sind Sie sich nicht sicher, welcher von beiden der Rangniedrigere ist (was zum Teil wirklich schwer festzustellen ist), sollten Sie erst einmal alle anderen Lösungsvorschläge versuchen bzw. fachliche Hilfe in Anspruch nehmen.

Hündin – Hündin

Bei Hündinnen treten Streitigkeiten oft im Zusammenhang mit Scheinschwangerschaften oder Läufigkeit auf. Ist hier ein klares Muster erkennbar, hilft die Kastration einer oder beider Kontrahentinnen.
Dorit Feddersen-Petersen (2004) schreibt hierzu: „Nicht selten wurde mir berichtet, dass zwei geschlechtsreife Hündinnen nicht mehr zusammen gehalten werden konnten – und diese plötzliche Feindschaft entwickelte sich am häufigsten dann, wenn die rangniedere Hündin die ältere war und vor der Alpha-Hündin Welpen hatte.“

Rüde – Hündin

Ernsthafte Auseinandersetzungen zwischen Rüde und Hündin kommen nur sehr selten vor, möglich sind sie aber schon. Häufig handelt es sich dabei um kastrierte Tiere, oder die Streitigkeiten drehen sich um Objekte wie z. B. Spielzeug oder Futter. Sehr selten hingegen sind stress- oder statusbedingt motivierte Auseinandersetzungen.

Lösungsvorschläge

Ist schon Blut geflossen, sollten Sie sofort beide Hunde an einen Maulkorb gewöhnen (siehe S. 52) und ihn bis zur Stabilisierung der Situation dauerhaft tragen lassen. Das bedeutet, dass die Hunde den Maulkorb nur zur Fütterung ausgezogen bekommen.

Für beide Hunde gelten ab sofort verschärfte Hausstandsregeln. Diese Regeln sollen Ihnen helfen, den Hunden klarzumachen, dass sie eine untergeordnete Stellung einnehmen. Die Einführung bzw. verstärkte Beachtung dieser Regeln schränkt die Hunde sowohl in ihrem Aktionsradius als auch in ihren Privilegien ein. Man könnte auch andere Regeln verwenden, die nachfolgend angeführten haben sich aber in der Vergangenheit als sehr effektiv und sinnvoll erwiesen. Zum einen treten die beschriebenen Situationen im Alltag häufig ein, sodass Sie oft Gelegenheiten haben, Ihre überlegene Stellung zu demonstrieren, ohne dass Sie eine völlig konstruierte Situation schaffen müssen. Zum anderen handelt es sich um Punkte, die den meisten Hunden sehr wichtig sind (Ressourcenzugang, Statussymbole, Dominanzauseinandersetzungen) und damit wiederum Ihnen eine gute Gelegenheit zur „Machtdemonstration“ bieten. Natürlich sind diese Regeln in keiner Weise „demokratisch“. Aber Hunde sind keine demokratischen Wesen, was Ihr kleines Rudel Ihnen in den nächsten Jahren noch anschaulich demonstrieren wird. Je höher Ihre Rangposition als Mensch ist, desto leichter wird es Ihnen gelingen, Ruhe unter Ihren Hunden zu schaffen. Ganz „nebenbei“ wirkt es sich noch positiv auf den allgemeinen Gehorsam der Hunde außerhalb des Hauses aus.

Drohkampf ohne ernste Verletzungsabsicht

Basisplan

Kein Essen vom Tisch

Teilen Sie keine Mahlzeit mit Ihren Hunden, d. h., geben Sie auch keine Reste ab. Falls Essensreste verfüttert werden sollen, landen diese im Napf und werden den Hunden irgendwann später zur Verfügung gestellt. Bitte beachten Sie diesen Punkt auch, wenn Ihre Hunde nicht besonders verfressen sind, denn schnell hat man sich einen Bettler herangezogen.

Distanz zum Esstisch

Erlauben Sie den Hunden keinesfalls, sich während Ihrer Mahlzeiten unter dem Tisch oder direkt zu Ihren Füßen aufzuhalten. Verlangen Sie, dass sie eine Distanz von mindestens ein bis zwei Metern einhalten. Das ist zum einen eine ausgezeichnete Gehorsamsübung, zum anderen duldet ein ranghoher Hund die anderen Rudelmitglieder nicht direkt neben sich, während er frisst. Haben Sie zu Beginn Schwierigkeiten mit der Durchsetzung, müssen Sie Ihre Hunde evtl. anbinden. Im Restaurant müssen (und dürfen) Sie natürlich eine Ausnahme machen.

Freigabe NIMM

Ihre Hunde sollten erst fressen dürfen, wenn sie zuvor eine kurze Gehorsamsübung absolviert haben (z. B. **SITZ**, **PLATZ** oder **SCHAUMAL**). Erst auf Ihre Freigabe hin (**LAUF** oder **NIMM** beispielsweise) dürfen sie fressen.

Keine erhöhten Liegeplätze

Erhöhte und besonders komfortable Plätze sollten ebenfalls den ranghöheren Mitgliedern vorbehalten bleiben. Auch eigene „Hundemöbel“ sind nicht erlaubt!

Körperkontrolle

Nehmen Sie täglich eine kurze Körperkontrolle der Hunde vor, inkl. bürsten. Eine gute Gelegenheit, sich den Hunden aufzudrängen!

Kein Spielzeug zur freien Verfügung

Lassen Sie den Hunden kein Spielzeug zur freien Verfügung. Gemeinsames Spielen mit den Hunden findet nur statt, wenn es dabei nicht zu Auseinandersetzungen kommt. Ansonsten ist es eine wunderbare Gelegenheit zur Übung: Der rangniedrigere Hund wird ins **PLATZ** gelegt. (Klappt das noch nicht, binden Sie ihn an. Ziel sollte aber sein, dass er allein aufgrund Ihres Hörzeichens liegen bleibt!) Mit dem ranghöheren Hund spielen Sie ein bis zwei Minuten. Dann wird getauscht, wiederum reichen ein bis zwei Minuten. Ganz zum Schluss kommt auf jeden Fall nochmals der ranghöhere Hund an die Reihe. Unmittelbar nach dem Spielen sollten Sie die Hunde scharf im Auge behalten: Dulden Sie kein Geknurre oder Gerempel untereinander.

Zwei Hunde können einen ganz schön bedrängen. Deshalb ist eine konsequente Erziehung wichtig.

Manipulationsverhalten ignorieren

Dulden Sie von keinem Ihrer Hunde Manipulationsverhalten. Damit ist gemeint, dass der Hund von seinen Menschen erfolgreich irgendetwas fordern kann. Das können beispielsweise Spiel- oder Streicheleinheiten, Leckerchen, Aufmerksamkeit oder Türöffnerdienste sein. Ignorieren Sie Ihre Hunde, wenn sie versuchen, etwas von Ihnen zu bekommen. Selbstverständlich dürfen Sie weiterhin mit Ihren Hunden spielen oder schmusen – aber zu Ihren Bedingungen und wenn Sie es möchten! Beenden Sie jede Interaktion, indem Sie die Hunde wieder wegschicken, bevor ein Hund Ihnen den Rücken zudreht und Sie stehen lässt.

Kein Drängeln an Türen

Erlauben Sie keinem Hund, sich bei Türdurchgängen etc. an Ihnen vorbeizudrängeln und Sie anzuschubsen. Schubsen Sie zurück!

Kein Markieren an kurzer Leine

Erlauben Sie Ihren Hunden nicht, an der kurzen Leine zu markieren oder zu scharren. Dulden Sie nicht, dass die Hunde an der Leine Tempo und Richtung bestimmen.

Hausstandsregeln

Die genannten Regeln erscheinen vielen Hundefreunden als sehr streng und „hart“. Betrachten Sie es einmal nüchtern: Keinem der Hunde wird irgendetwas Lebenswertes genommen. Lediglich Machtgehabe und Anspruchsdenken werden unterbunden. Herrschen unter Ihren Hunden keinerlei Streitigkeiten oder Probleme und ist der Gehorsam in jeder Situation für Sie zufriedenstellend, können Sie alle Regeln getrost vergessen und die Hunde vom goldenen Teller essen lassen. Ist dies jedoch nicht der Fall, können wir Ihnen nur zur Beachtung der Hausstandsregeln raten. Beseitigen Sie außerdem nach Möglichkeit alle erkennbaren Streitpunkte wie Futter, Kauknochen, Spielzeug, Körbchen, Nähe zum Menschen etc. Erhöhte Liegeplätze blockieren (beispielsweise durch Kartons oder Besenstiele) bzw. entfernen. Trainieren Sie mit beiden Hunden strikt, auf ihren Platz geschickt zu werden. Das sollte natürlich kein in den Augen der Hunde strategisch wichtiger Platz sein. Also nicht im Eingangsbereich und nicht in der Nähe von verteidigungswerten Ressourcen. Bevorzugen Sie den ranghöheren Hund ein klein wenig – aber nicht so viel, dass er größenwahnsinnig wird! Dazu gehört auch, dass er zuletzt mit seinem Menschen nach Hause kommt. Der Chef ist zuletzt mit dem Menschen unterwegs! Das kann bedeuten, dass Sie vielleicht mit dem Rangniedrigeren unterwegs waren, beim Nachhausekommen nur kurz die beiden Hunde austauschen und mit dem Ranghöheren noch einmal einige Minuten spielen oder spazieren gehen.

Territoriale Auseinandersetzung in der Wohnung

„Du darfst hier nicht vorbei!“

Rangordnung erkennen

Können Sie keine Rangordnung erkennen, halten Sie sich versuchsweise einige Wochen an die allgemeinen Hunderegeln, d. h. ranghöher ist:

- die Hündin bei Rüde-Hündin-Konstellation
- oder der ältere Hund, vorausgesetzt er ist noch nicht sehr alt und hinfällig,
- oder der zuerst dagewesene (wenn die Neuaufnahme maximal einige Monate zurückliegt)
- oder der selbstbewusstere Hund.

Trennung der Hunde bei Verletzungen

Häufig trennen Hundebesitzer ihre Lieblinge innerhalb der Wohnung, wenn es zu Kämpfen mit Verletzungen gekommen ist. Leider verschlimmert dies die Situation erheblich, da jeder der beiden Streithähne schlussfolgert, er habe den anderen erst einmal vertrieben und damit gewonnen. Doch dann treibt sich der andere frecherweise immer noch im Territorium herum! Das ist natürlich eine rein menschliche Interpretation. Vielleicht schlussfolgern die Hunde auch gar nichts und sind „nur" durch den natürlich weiterhin bestehenden Geruch des anderen noch aggressiv. Bleibt dann die Tür versehentlich einmal offen oder die beiden werden versuchsweise zusammengelassen, ist der nächste Kampf vorprogrammiert.

Trennt man Hunde nach solch einer Situation, ist eine Gewöhnung aneinander meist viel schwieriger.

Fütterungsumstellung

Kommt es zum erneuten Kampf, sollten Sie sofort mit der Maulkorbgewöhnung beginnen und evtl. vorhandene Verletzungen ausheilen lassen. Füttern Sie in dieser Zeit mindestens 50 % der täglichen Ration als gekochten Reis. Der Rest der Mahlzeit sollte aus kalorienreduziertem Futter bestehen. Sehr gehaltvolle Kauknochen, getrocknete Schweineohren etc. bitte ebenfalls weglassen. Eine Alternative hierzu sind getrocknete Straußenfleischstücke, die nur einen Fettgehalt von 2 % aufweisen. Sie verringern mit einer proteinreduzierten Diät schlicht die Energie, die die Hunde zur Verfügung haben, und erhöhen durch eine verstärkte Kohlenhydratgabe den Serotoningehalt im Blut der Hunde. Serotonin bewirkt eine größere Ausgeglichenheit und Zufriedenheit. Ergänzend können Sie Vitamin B6 zufüttern oder – wenn Sie selbst kochen – die Kohlenhydrate (plus Vitamin B6) erst rund drei Stunden nach der Proteingabe (d. h. dem Fleisch) füttern.

Gehorsamstraining

Daneben sollte der Gehorsam beider Hunde konsequent verbessert werden. Verbringen Sie so viel Zeit wie möglich mit Erziehungsübungen und trainieren Sie möglichst auch Neues, beispielsweise Apportieren, Tricks, Fährtenarbeit etc. Je besser der Gehorsam, desto leichter haben Sie es auch, beide Hunde zu kontrollieren.
Beide Hunde sollten daneben körperlich und geistig so gut wie möglich ausgelastet werden.

Zusammenführen von zwei Hunden

Nach erfolgter Gewöhnung an den Maulkorb macht man mit jedem Hund einen schönen langen Spaziergang (die beiden dürfen ruhig sehr müde sein) mit Maulkorb und trifft in neutralem Gebiet (am besten eingezäunt) aufeinander. Leinen ab und los. Wir können nur raten, eine Videokamera dabeizuhaben. Mischen Sie sich nicht ein, wenden Sie sich ab und entfernen Sie sich einige Schritte. Schauen Sie auf die Uhr! Selten dauert eine Prügelei länger als einige Minuten. Passieren kann nichts, schließlich tragen beide einen Maulkorb. Sinnvoll ist

Hier hat die Zusammenführung funktioniert.

es, in dieser Situation einen oder mehrere Menschen dabeizuhaben, die sich mit Hundeverhalten auskennen oder wenigstens der Sache objektiv gegenüberstehen können.
Versuchen Sie, die Situation so lange auszuhalten, bis einer der Hunde deutlich erkennbar nachgegeben hat.

Dieser Maulkorb passt und schränkt den Hund nur minimal ein.

Trennung auf Zeit

Wenn Sie das Gefühl haben, dass beide ausgepumpt sind und die Situation fürs Erste geklärt ist, fahren Sie nach Hause. Lassen Sie die Hunde ab sofort so häufig wie möglich (Sie müssen anwesend sein!) zusammen (immer noch mit Maulkorb natürlich). Sind Sie nicht zu Hause, sollten Sie die beiden trennen. Der Rangniedrigere kommt in das weniger attraktive Zimmer. Attraktiv bezieht sich natürlich nicht auf das Design Ihrer Inneneinrichtung, sondern auf die Bedeutung für die Hunde. Die Wohnräume sind wichtiger als beispielsweise das Bad. Für territorial motivierte Hunde ist der Eingangsbereich wichtiger als das evtl. weiter hinten gelegene Wohnzimmer usw. Sind Sie nicht allzu lange weg (beispielsweise nur zwei Stunden) sollten Sie jeden Hund in einer eigenen Transportbox unterbringen. Beides sollte jedoch so selten wie möglich stattfinden, damit die Hunde nicht ständig getrennt werden müssen.

Nun heißt es, Geduld zu haben. Notieren Sie sich die Häufigkeit und jeweilige Dauer der Auseinandersetzungen. Wenn eine Chance auf Besserung besteht, wird im Laufe der nächsten Wochen die Häufigkeit der Auseinandersetzungen sowie die jeweilige Dauer sinken. Am besten, Sie führen einen genauen Kalender.

WICHTIG

Den Maulkorb können Sie erst entfernen, wenn schon einige Zeit (mehrere Wochen!) keine Auseinandersetzungen mehr statt gefunden haben.

Abgabe eines Hundes

Ist dies nicht der Fall oder steigert sich das aggressive Verhalten der beiden sogar, müssen Sie über eine Abgabe eines der beiden Hunde nachdenken.

Wie eingangs erwähnt, können Sie leider nicht davon ausgehen, dass alle Hunde für eine Mehrhundehaltung geeignet sind. Unsere Rassehunde wurden im letzten Jahrhundert in den seltensten Fällen im Hinblick auf ihre Sozialverträglichkeit hin selektiert. Eine Ausnahme sind beispielsweise Meutehunde wie Beagle oder einige Schlittenhunderassen, aber auch bei diesen ist die Zeit der strikten Selektion in dieser Hinsicht schon einige Jahrzehnte vorbei.

Da unsere heutigen Haushunde nicht mehr über ein so fein abgestuftes Sozialverhalten wie ihre Ahnen, die Wölfe, verfügen, kommt es häufig wegen Kleinigkeiten zu ernsthaften Auseinandersetzungen. Abgesehen davon haben unsere Haushunde meist wesentlich mehr Energie zur freien Verfügung als ihre wild lebenden Verwandten.

Haben Sie zwei ernsthafte Streithähne erwischt, ist es für alle Beteiligten besser, sie zu trennen. Suchen Sie für den leichter zu vermittelnden einen guten Platz! Die dauerhafte Trennung innerhalb eines Hauses oder einer Wohnung führt beim Hund natürlich zu permanentem Stress. Bleibt doch irgendwann einmal eine Tür versehentlich offen, verläuft die unweigerlich folgende Auseinandersetzung meistens extrem erbittert.

Mit viel Geduld und Einhaltung der Regeln gelingt meist das Zusammenleben mehrerer Hunde. Passen die Hunde jedoch nicht zusammen, ist es besser, wenn man sich von einem wieder trennt und für diesen ein gutes Zuhause sucht.

EIN FALL AUS DER PRAXIS
FÜHRUNGSWECHSEL

Jack Russell Terrier sind drahtige Kerle, die kleinen Raufereien nicht immer abgeneigt sind.

Charlton und Heston waren zwei bildhübsche Foxterrierrüden. Heston, der ältere, war eigentlich terrieruntypisch: ruhig, sehr gutmütig mit anderen Hunden und trotz starken „Verwöhnaromas" in der Familie folgsam. Aufgrund der guten Erfahrungen mit Heston bat die Familie die Züchterin um einen weiteren Rüden. Diese riet von einem Rüden ab, da die Rasse doch sehr rauflustig sei, aber die Familie ließ sich nicht umstimmen. So kam Charlton als Welpe ins Haus. Er war ein typischer Foxterrier: frech, temperamentvoll und mit mehr als ausreichend Selbstbewusstsein ausgestattet. In den ersten Monaten ging alles gut. Lediglich beim Hundeerziehungskurs erwies sich Charlton als erziehungsresistent. Als die Trainer zu immer rabiateren Methoden rieten („Der muss wissen, wo der Hammer hängt"), brachen die Besitzer den Unterricht ab. Zwischen Charlton und Heston lief alles gut, außer dass Charlton ab und zu mal knurrte und bei spielerischen Auseinandersetzungen immer öfter als Sieger auftrat. Heston war das alles egal, er war zu diesem Zeitpunkt fünf Jahre alt und nach wie vor sehr gutmütig.
Als Charlton acht Monate alt war, musste Heston am Kreuzband operiert werden. Die Familie befürchtete, dass Charlton Heston im Spiel überfordern würde – schließlich musste Heston geschont werden –, und trennte die beiden innerhalb des Hauses. Leider zog sich die Rekonvaleszenz länger als geplant hin, und als die beiden Rüden nach zwei Monaten zum ersten Mal aufeinander trafen, forderte der jüngere Charlton seinen „Ziehvater" sofort heraus. Damit hatte die Gutmütigkeit von Heston ein Ende und es kam zu einer erbitterten Auseinandersetzung. Am Ende mussten beide zum Tierarzt und genäht werden. Die Familie trennte die beiden erst einmal wieder.
In den nächsten Wochen versuchten sie mehrere Male, die beiden zusammenzulassen, aber immer wieder verbissen sie sich ineinander. Schließlich baten sie uns um einen Rat.
Beim ersten Treffen saßen wir in einem Besprechungsraum mit der Familie (Eltern und erwachsene Kinder nebst Partnerinnen) zusammen. Heston wurde zu Hause gelassen, nur Charlton war anwesend. Während die Besitzer uns die Situation erläuterten, sprang Charlton von Schoß zu Schoß, legte eine Pfote auf den Tisch und blickte uns herausfordernd an. Es stellte

sich heraus, dass beide Hunde sehr verwöhnt wurden und alle nur erdenkliche Aufmerksamkeit bekamen. Während wir darüber sprachen, dass dies für Charlton als den Jüngeren ab sofort gestrichen sei, begannen wir alle damit, ihn nicht mehr auf den Schoß zu lassen und zu ignorieren. Innerhalb von einer halben Stunde war Charlton völlig verwirrt. Er lief mehrere Runden um den Tisch und versuchte sein Glück. Schließlich rollte er sich neben uns zusammen und schlief ein.

In den folgenden Wochen begannen wir, neben der Befolgung des Basisplans, Reis- und Handfütterung, mit einer Gehorsamserziehung. Natürlich wurden beide Hunde an den Maulkorb gewöhnt. Nach vier Wochen ließ sich Charlton endlich ohne zu knurren bürsten und auch der Gehorsam draußen machte deutliche Fortschritte. Inzwischen war Heston gesundheitlich wieder fit und an den Maulkorb gewöhnt.

Das erste Zusammentreffen der beiden fand auf unserem Unterrichtsgelände statt. Alle waren sehr gespannt darauf! Aber in den ersten 20 Minuten passierte nichts. Beide gingen sich aus dem Weg, schnupperten hier, markierten da und taten so, als ob der andere gar nicht anwesend wäre. Schließlich kam es doch zu einer kurzen Auseinandersetzung, die „unentschieden" endete.

Nun waren beide Hunde mit Maulkorb den ganzen Tag zusammen. Hin und wieder kam es zu Auseinandersetzungen, immer dann, wenn ein Familienmitglied sich näherte.

Schließlich gab Heston nach und akzeptierte die Überlegenheit von Charlton. Der Familie fiel es schwer, dies anzunehmen. Da sie keinen der Hunde abgeben wollten, hielten sie durch. Da Charlton keine Privilegien zugestanden werden konnten, mussten diese auch für Heston gestrichen werden.

PROBLEME MIT FREMDEN HUNDEN

Probleme wie Jagen, Pöbeln und Mobben sind in den seltensten Fällen auf das Halten mehrerer Hunde zurückzuführen, sondern werden durch die Anwesenheit eines Kumpels „nur" verstärkt – gemeinsam geht einfach alles besser!

Erst einmal sollte man einen äußerst kritischen Blick auf den Gehorsamsstand der Hunde werfen:

- Sind sie wirklich einzeln in jeder Situation zu kontrollieren?
- Können Sie sie hinter Wild abrufen, angesichts anderer Hunde ins **PLATZ** legen oder frei bei **FUSS** nehmen?

Ja? Wunderbar, dann verbieten Sie ihnen doch einfach, andere Hunde zu mobben, zu jagen oder zu verprügeln ...

Scherz beiseite: Wenn es so einfach wäre, müssten Sie dieses Kapitel nicht lesen.

Leider gestaltet sich das Training mit mehreren Hunden sehr zeitaufwändig. Sie kommen nicht umhin, jedes Problem mit jedem und einzeln anzugehen. Erst wenn Sie jeden Hund in der jeweiligen Situation problemlos managen können, haben Sie eine Aussicht auf Erfolg. In der Zwischenzeit sollten Sie die kritischen Situationen mit beiden Hunden gemeinsam, so gut es geht, vermeiden.

Drei Hunde auf einmal kann für einen Einzelhund und dessen Besitzer schnell zuviel sein. Bitte nehmen Sie Rücksicht!

Rennspiel oder Mobbing?

Agieren der Hunde untereinander

Ihre Hunde sind ein Herz und eine Seele? So sehr, dass sie keinen anderen Hund mehr sehen wollen? Auch das ist ein häufig auftretendes Problem bei der Mehrhundehaltung. Schließlich bilden Ihre Hunde ein eigenes Rudel, wen braucht man da noch?

Egal ob Sie Rüde – Rüde, Hündin – Hündin oder ein Pärchen besitzen, jedes dieser Teams kann sich zum Schrecken der Hundewiese entwickeln.

Wenn Sie einen Zweithund aufgenommen haben, sollten Sie auch in dieser Richtung beide Hunde immer kritisch im Auge behalten, um jedes aufkeimende Problem sofort beenden zu können. Ist es jedoch schon so weit gekommen, haben Sie viel Arbeit vor sich. Leider können wir Ihnen nicht den berühmten Knopfdruck zeigen, damit alles funktioniert. Sie müssen Zeit und Geduld investieren!

Erst einmal sollten Sie eine Ist-Analyse vornehmen und versuchen herauszufinden, warum und wie Ihre Hunde agieren. In vielen Fällen wird erst eine Videoanalyse genauen Aufschluss bringen. Auf jeden Fall ist es sehr hilfreich, den Initiator des Verhaltens herauszufinden. Auch wenn es oft so erscheint, als ob beide Hunde gleichzeitig agieren würden, ist es meistens so, dass einer das „Startsignal“ gibt und der andere mitmacht.

Steckt man als Hundehalter selbst in der stressigen Situation, kann man das in der Hitze des Gefechts oft gar nicht bemerken. Ein neutraler Beobachter (am besten mit Videokamera) kann da sehr aufschlussreich sein.

Mobbing

Viele Hunde haben einfach sehr viel Spaß daran, andere Hunde zu mobben, d. h. ohne größeren Grund zu jagen, zu zwicken, über den Haufen zu rennen oder sonst wie zu ängstigen. Es handelt sich hierbei übrigens um ein völlig hundetypisches Verhalten.

Zum Mobbing wird es, wenn es dem Gejagten keinen Spaß mehr macht.

WICHTIG

Wenn Ihre Hunde zu den Mobbern gehören, haben wir eine gute und eine schlechte Nachricht für Sie. Zuerst die schlechte: Eingefleischten Mobbern können Sie das Mobben nicht abgewöhnen, aber (und das ist die gute Nachricht) der Mensch kann lernen – entsprechenden Gehorsam vorausgesetzt –, den Mobber relativ gut zu kontrollieren.

Hunde, die mobben, sind also weder verhaltensgestört noch gesteigert aggressiv. Daraus sollten Sie aber nicht den Schluss ziehen, dass dieses Verhalten seitens des Menschen einfach hingenommen werden muss. Häufig ist es so, dass einer der Hunde beginnt und der andere aus Spaß oder Sympathie mitmacht. Falls dies bei Ihren Hunden der Fall ist, schauen Sie einmal genau hin: Es muss nicht unbedingt sein, dass derjenige, der zuerst losrennt, der Initiator ist. Meistens startet sogar der Rangniedrigere zuerst, aber der Ranghöhere hat in Wirklichkeit das Startsignal gegeben. Das kann man mittels einer Videoaufnahme erkennen. Es kann natürlich auch sein, dass beide Hunde gleich viel Interesse am Mobben haben.

Mobbing bewusst kontrollieren

Als erste Maßnahme sollten Sie versuchen, den Hauptinitiator unter Ihren Hunden zu identifizieren. Auf dessen Erziehungsstand richten Sie in den nächsten Wochen Ihr Hauptaugenmerk. Wenn Sie eine Chance haben wollen, müssen Sie das Mobbing auf jeden Fall unterbinden. Das bedeutet, dass Ihr Hund evtl. nur noch an einer Schleppleine laufen kann.

Cayenne und Campari von der Burg Rodenstein

Vielleicht haben Ihre Hunde auch bestimmte „Opfer", die das Mobbingverhalten auslösen. Meistens sind es ängstliche und/oder kleinere Hunde. In diesem Fall reicht es evtl. aus, wenn man angesichts eines solchen Hundes die eigenen Hunde verstärkt kontrolliert bzw. anleint.

Falls beide Hunde gleichermaßen mobben, wird es schon etwas schwieriger. Sie müssen getrennte Erziehungsspaziergänge unternehmen, um das Problem erst einmal mit jedem Hund einzeln in den Griff zu bekommen. Sind Sie so weit, können Sie einen Hund an kurzer Leine und den anderen an der Schleppleine führen. Einfach ist das jedoch nicht! Der Besuch einer gut geführten Spielgruppe für erwachsene Hunde wäre sehr sinnvoll und würde helfen, das Problem schneller zu beheben.

Das perfekte Opfer

Zudem sollten Sie den Hunden nicht mehr erlauben, auf fremde Hunde zuzustürmen. Geben Sie einen der Hunde erst wenige Meter vor der Begegnung frei. Dadurch kann oft vermieden werden, dass sich der andere fürchtet und ängstlich davonläuft, was bei Mobbern in der Regel zuverlässig das Mobbingverhalten auslöst. Den zweiten Hund behalten Sie dicht bei sich, entweder auf Hörzeichen oder – wenn das noch nicht klappt – an der Leine. Viele Mobber bevorzugen einen bestimmten „Opfertyp". Sollte das bei Ihren Hunden der Fall sein und Sie begegnen einem solchen „perfekten" Opfer, sollten Sie Ihre Hunde mit diesem Hund nicht „spielen" lassen. Ansonsten lässt sich Mobben in erster Linie über den Gehorsamsstand des Hundes korrigieren. Setzt er zum Mobben an, muss er zurückgerufen werden. Je mehr Erfolgserlebnisse ein Hund beim Mobben sammelt, desto mehr Spaß macht es ihm und desto langwieriger wird die Korrektur.

Leinenpöbler

Ihre Hunde benehmen sich an der Leine angesichts anderer Hunde fürchterlich? Als Erstes würden wir Ihnen dringend die Anschaffung von Kopfhalftern sowie speziellen Haltileinen namens LazyLead© empfehlen. Damit wird das Problem zwar nicht gelöst, aber das Handling zweier tobender Hunde doch wesentlich einfacher! Gehen Sie keinen Schritt mehr mit Ihren Hunden aus dem Haus ohne Kopfhalfter! Ansonsten müssen Sie wieder so viel wie möglich getrennt spazieren gehen und mit jedem Hund einzeln trainieren.

Hunde mit Halti und LazyLead ©

JAGEN

Ihre Hunde jagen? Und das erst, seit sie zu zweit sind? Das kann durchaus sein. Entweder hat der eine den anderen „auf den Geschmack" gebracht oder der „Jäger" zieht den „Nichtjäger" nur mit. Egal, das Ergebnis ist auf jeden Fall für alle Beteiligten gefährlich: Für die Hunde, für den Straßenverkehr und natürlich für das Wild. Selbst wenn die wenigsten Hunde so viel Jagdtalent entwickeln, dass sie ein Reh erwischen, passiert es sehr häufig, dass Hunde und Wild auf der nächsten Straße landen und einen Autounfall verursachen.

Zur Korrektur ist prinzipiell die gleiche Vorgehensweise wie beim Mobben notwendig, nur wird es noch langwieriger und anstrengender. Auch hier handelt es sich um ein natürliches Verhalten, was bedeutet, dass es nicht „abgewöhnt" werden kann. Man kann „nur" den Hund entsprechend kontrollieren lernen.

Gemeinsame Beutespiele sind nur möglich, wenn sich alle gut verstehen.

EIN FALL AUS DER PRAXIS
JAGDPROBLEME

Familie Müller kam mit dem dreijährigen Bearded-Collie-Rüden Camillo hervorragend zurecht. Der unkastrierte Rüde war freundlich zu allen anderen Hunden, egal ob Rüde, Hündin oder Welpe. Sein Grundgehorsam war zwar nicht prüfungsreif, aber durchaus zufriedenstellend und völlig alltagstauglich. Sicher, hin und wieder musste man ihn zweimal rufen, aber das störte nicht weiter. Die Familie beschloss, einen weiteren Bearded-Collie-Rüden vom gleichen Züchter zu sich zu nehmen.
In den ersten Monaten traten keinerlei Probleme auf und alle Beteiligten waren glücklich und zufrieden. Camillo kümmerte sich reizend um Peppone, die beiden waren schnell ein Herz und eine Seele. Peppone erwies sich jedoch in der Erziehung als nicht ganz so kooperativ wie Camillo. Als Peppone etwa sechs Monate alt war, führte sein wachsendes Selbstbewusstsein mit beginnender Pubertät dazu, dass er sich angesichts von anderen Hunden beim Spaziergang nicht mehr erfolgreich heranrufen ließ. Stattdessen raste er mehrere hundert Meter übers Feld, um einen anderen Hund zu begrüßen. Die Familie entschloss sich, mit Peppone an der Schleppleine zu trainieren, was auch schnell erste Ergebnisse brachte.
Lange Zeit unbemerkt verselbstständigte sich Camillo jedoch immer mehr. Richtig bewusst wurde dies den Hundebesitzern erst, als angesichts eines aufspringenden Rehs beide Hunde durchstarteten und Camillo knapp hinter dem Reh im Wald verschwand. Peppone war glücklicherweise noch an der Schleppleine und konnte dadurch an der Jagd gehindert werden.

Frau Müller war trotz des Erstaunens über Camillos Ungehorsam noch so geistesgegenwärtig, um Peppone erfolgreich vom Reh abzulenken und ihn auf sich zu fixieren. Dies war bei dem verspielten jungen Rüden gut über ein ausgelassenes Belohnungsspiel möglich. Camillo hingegen war erst einmal verschwunden und tauchte erst nach sehr langen zehn Minuten wieder auf. Bei der abendlichen Familienkonferenz stellte sich heraus, dass Camillo schon die ganzen vergangenen Wochen von der Familie unbemerkt schleichend seine Gehorsamsbereitschaft immer weiter herabgesetzt hatte. Sicher, er war auch früher jagdlich durchaus interessiert, aber es war doch möglich gewesen, ihn angesichts eines Rehs heranzurufen.
Der zunehmenden Verselbstständigung der beiden Hunde wurde erst einmal Einhalt geboten. Es war für alle Beteiligten natürlich sehr angenehm gewesen, dass die beiden Rüden sich täglich stundenlang allein im Garten beschäftigten. Jedoch sah diese Beschäftigung nicht nur gemeinsames Spiel vor. Je älter Peppone wurde, desto mehr verbrachten die beiden Rüden ihre „Spielzeit" damit, das gemeinsame Territorium zu markieren und vorbeikommende Passanten lautstark zu „vertreiben". Die „Gartenzeit" wurde erst einmal gestrichen. Beide Hunde wurden nur noch zum morgendlichen oder abendlichen Pipimachen in den Garten gelassen und anschließend sofort wieder herangerufen.
In den nächsten Wochen musste immer einer der beiden Rüden an der kurzen Leine laufen, der andere an der Schleppleine. Da Peppone dies natürlich in seinem jugendlichen Temperament sehr schwer viel, verwendete Familie Müller auf unser Anraten ein Kopfhalfter.
Während der Spaziergänge verwendeten die Hundebesitzer auch sehr viel Zeit auf ein formelles Training mit **SITZ**- und **PLATZ**übungen. War eines der Familienmitglieder allein mit beiden Hunden unterwegs, wurde einer der Hunde an einen Baum gebunden und musste im **PLATZ** liegen bleiben, während mit dem anderen Hund geübt oder auch gespielt wurde. Prinzipiell ist es bei solchen Übungen wichtig, dass man sich zu Beginn mit dem zweiten Hund höchstens einige Schritte von dem angebundenen Hund entfernt. Natürlich wird es gerade am Anfang solcher Übungseinheiten vorkommen, dass der angebundene Hund das Hörzeichen von allein aufhebt und aufsteht. Jetzt ist es wichtig, dass man dies trotz der Beschäftigung mit dem zweiten Hund sofort registriert und korrigiert. Das klappt nicht, wenn man

zu weit weg ist. Sollte der Gehorsamsstand des angebundenen Hundes diese Übung noch nicht zulassen, muss man entweder mit zwei Personen trainieren oder die Übungen mit einem Hund erst einmal so weit perfektionieren, dass man den zweiten Hund später als Ablenkung hinzunehmen kann.
Als nächstes Trainingsziel stand **PLATZ** auf Entfernung auf dem Stundenplan. Camillo kannte diese Übung zwar, befolgte sie aber nicht zuverlässig. Peppone, der inzwischen schon ein recht gutes **PLATZ** auch unter Ablenkung zeigen konnte, musste sie erst noch lernen.
Nachdem auch die Regeln im Haus verschärft wurden, verbesserte sich der Gehorsam von Camillo wieder deutlich und auch die Probe aufs Exempel (zur Sicherheit an der Schleppleine) zeigte, dass er sich wieder von Wild abrufen ließ. Bis dahin waren allerdings einige Monate intensiven Trainings ins Land gegangen!
Ursächlich für die Verschlechterung von Camillos Gehorsam war zum einen die Verselbstständigung der beiden Hunde durch den langen Aufenthalt (vor der Umstellung täglich mehrere Stunden) im Garten. Zum anderen richtete sich das Hauptaugenmerk der Erziehungsbemühungen der Familie naturgemäß auf den Welpen, der genauso gut erzogen werden sollte wie Camillo. Camillo hingegen nutzte die verringerte Aufmerksamkeit ihm gegenüber aus, um sich klammheimlich immer mehr Freiheiten herauszunehmen.

Tägliche Erziehungsübungen: Ein Hund liegt im Platz, während mit dem anderen trainiert wird.

RAUFEREI ZWISCHEN HUNDEN

Wann sollte man raufende Hunde trennen?

Selbst bei sorgfältigster Planung und bei Berücksichtigung aller Regeln kann es natürlich vorkommen, dass Ihre Hunde raufen!

Versuchen Sie als Erstes, sich ein möglichst objektives Bild zu machen (am besten, Sie treten gleichzeitig ein paar Schritte zurück): Wie ernst ist es? Das lässt sich von außen immer schwer beurteilen, einige Anhaltspunkte können wir Ihnen jedoch geben:

- Beide Hunde sind sehr laut, steigen evtl. aneinander hoch und man hört lautes Zähneschnappen. In diesem Fall ist es meistens noch nicht wirklich ernst, sondern „nur" ein lautstarkes Kräftemessen. Wird es jedoch „erbittert" leise und haben die Kontrahenten das Maul voll Fell des Gegners (mit vollem Maul lässt sich nun mal schlecht bellen), sind häufig Bissverletzungen die Folge. Ist der Spuk in diesem Fall nicht sofort wieder vorbei, sollten Sie evtl. doch erwägen, die Hunde zu trennen.

- Einer der beiden liegt bereits auf dem Rücken, der andere steht drohend über ihm. Der Unterlegene hat eventuell noch nicht wirklich erkannt, dass er verloren hat, und versucht nach wie vor, sich strampelnd und schnappend zu befreien. An dieser Stelle sollten Sie noch nicht eingreifen, da die Chancen recht gut stehen, dass sich die Situation zwischen den beiden Streithähnen klärt. Falls Sie die Hunde trennen, während der untere noch nicht wirklich nachgegeben und der obere nicht wirklich gewonnen hat, ist der nächste Streit meistens vorprogrammiert.

- Zeigt jedoch der Unterlegene deutlich seine Unterwerfung an (liegt ganz still und wehrt sich nicht mehr) und der Sieger hört trotzdem nicht auf, sollten Sie noch einmal genau hinschauen: Hat der Unterlegene wirklich nachgegeben? Oder ist er vielleicht noch sehr angespannt und drückt dagegen? Steht der Überlegene nur da und fixiert den anderen oder beißt er gar zu, obwohl Sie sicher sind, dass der Unterlegene sich wirklich unterworfen hat? Im ersten Fall sollten Sie weiterhin abwarten, im zweiten die Hunde sofort trennen.

Wie kann man raufende Hunde trennen?

Mit Hörzeichen

Ein Hörzeichen funktioniert auf keinen Fall, wenn die Rauferei sehr laut oder sehr erbittert geführt wird. „Hören" die Hunde in diesem Fall nicht auf das Hörzeichen, handelt es sich nicht um mangelnden Gehorsam, sondern die Hunde sind in diesem Moment gar nicht in der Lage, Sie zu hören oder gar zu gehorchen! Machbar ist dies nur in Pausen der Auseinandersetzung. Manchmal hat es sogar den Anschein, dass die Hunde erleichtert sind, einen Grund für das Ende der Auseinandersetzung zu haben. Sinnvoll ist die Verwendung eines gut etablierten Kommandos wie z. B. **PLATZ**. Rufen Sie nicht **AUS** oder ein ähnliches Hörzeichen, das Sie sonst für die Herausgabe von etwas Unappetitlichem verwenden.

Sind die Hunde verbal nicht zu erreichen, gibt es verschiedene Möglichkeiten:

WICHTIG

Möglichst sofortiges Trennen ist angebracht, wenn ein deutlich kleinerer Hund gebissen oder gar geschüttelt wird – die Verletzungs- und Tötungsgefahr ist hoch!

Die untere Hündin hat hier noch nicht wirklich nachgegeben.

Dazwischengreifen

Dazwischengreifen ist höchst gefährlich und führt meistens dazu, dass Sie in der Hitze des Gefechts auch noch selbst gebissen werden. Allein ist es – außer bei sehr kleinen Hunden – auch schlecht möglich, denn selbst wenn man einen der Raufbolde erwischt, ist die Gefahr groß, dass der andere weiterhin den nun Gehandikapten attackiert. Falls man jedoch zu zweit ist, kann man versuchen, beide Hunde möglichst gleichzeitig an den Hinterbeinen zu erwischen und auseinander zu ziehen. Vorsicht: Sind die Hunde bereits ineinander verbissen, ist dies keine gute Idee, da es die Bissverletzungen meist noch verschlimmert. Lassen Sie die Hunde keinesfalls sofort wieder los, sondern trennen Sie sie erst einmal – auch räumlich. Man muss sich bei dieser Vorgehensweise bewusst sein, dass die Hunde möglicherweise wild um sich schnappen und dabei auch den Menschen erwischen können.

Hier besser nicht dazwischengreifen! Sonst gerät man leicht selbst in Gefahr.

Am Nackenfell nehmen

Kleine Hunde kann man natürlich auch am Nackenfell nehmen (ausnahmsweise!) und kurz hochheben.
In jedem Fall läuft man selbst auch Gefahr, einen Biss abzubekommen.

Wassermethode oder Decke

Effektiv ist immer noch die Wassermethode, auch wenn dies in der Wohnung natürlich unangenehm ist. Falls möglich, kann man einen Eimer Wasser über den beiden Kontrahenten auskippen.
Gut funktioniert auch Folgendes: Werfen Sie eine Decke oder Ähnliches über die beiden Raufbolde!

Wie verhält man sich nach der Trennung?

Nach der Trennung sollte man beide Hunde in verschiedenen Zimmern unterbringen und erst einmal einige Minuten allein lassen. Das gilt natürlich nicht, wenn einer oder gar beide Hunde verletzt sind. Rufen Sie sofort bei Ihrem Tierarzt an und kündigen Sie Ihr Kommen an. Im Auto sollten Sie die Hunde auf jeden Fall trennen, damit sie ihren Streit dort nicht fortsetzen können.
Falls keine Verletzungen zu erkennen sind, sollte man einige Minuten abwarten und versuchen, sich selbst zu beruhigen. Erst danach werden beide Hunde auf Verletzungen untersucht. Ist einer der beiden Hunde deutlich größer und/oder schwerer als der andere oder konnte man während der Rauferei sehen, dass einer den anderen geschüttelt hat, sollte auf jeden Fall ein Tierarzt aufgesucht werden. Häufig trennen sich durch das energische Schütteln mehrere Hautschichten voneinander, was unbehandelt zu schweren Entzündungen führt. Äußerlich sind oft nur kleine „Löcher" zu erkennen, die von den Eckzähnen stammen.

TIPP

Sind einer oder beide Hunde behandlungsdürftig, sollte man die Genesungszeit dafür verwenden, beide an einen Maulkorb zu gewöhnen. Gehen Sie anschließend vor, wie auf S. 67 beschrieben.

KASTRATION

Häufig wird bei Problemen in der Mehrhundehaltung schnell zur Kastration geraten ohne auf die eigentlichen Hintergründe einzugehen.
Im Rahmen dieses Buches beschäftigen wir uns ausschließlich mit den möglichen Verhaltensänderungen des Hundes durch Kastration. Da die medizinische Forschung gerade im Heimtierbereich stets voranschreitet, sollten Sie sich mit medizinischen Fragen an Ihren Tierarzt wenden.
Generell ist zu bemerken, dass eine Kastration allein niemals ein Verhaltensproblem lösen kann. Hier wird oft zu leichtfertig und unüberlegt „zum Messer“ gegriffen. Diese Beobachtung wurde leider auch in der im Jahr 2002 von Dr. Gabriele Niepel durchgeführten Befragung von vielen Hundebesitzern bestätigt.
Bei manchen Problemen hingegen kann eine Kastration hilfreich sein und die Erziehung unterstützen.

Ist die Hündin nicht deckbereit, wird sie aufdringliche Rüden energisch abbellen.

Gründe für eine Kastration

Pro

- Wenn die Aggression der Hündin gegenüber anderen Hündinnen im zeitlichen Zusammenhang mit mit der Läufigkeit steht (d. h. kurz davor, währenddessen oder danach).
- Bei ständig auftretender Scheinträchtigkeit der Hündin.
- Gesundheitliche Aspekte bei der Hündin (Verhinderung von Gesäugetumoren, Gebärmutterentzündung etc.).
- Bei Aggression des Rüden gegenüber fremden Rüden, sofern diese sexuell motiviert ist.
- Bei Aggression von Rüden gegenüber Rüden innerhalb der eigenen Familie.
- Hypersexualität des Rüden.
- Verhinderung von Nachwuchs.

Kontra

- Jagdverhalten
- Territoriales Verhalten
- Separationsangst
- Mobbing
- Futteraggression

Bei hypersexuellen Rüden sollte man eine Kastration in Betracht ziehen. Vor allem, wenn der Rüde stark abmagert.

Wann sollte man den Hund kastrieren?

Wenn Sie einen der oben genannten sinnvollen Gründe für das unerwünschte Verhalten Ihres Hundes feststellen können, sollten Sie sich frühzeitig für eine Kastration entscheiden, da sonst die Gefahr besteht, dass sich das Verhalten festigt und als Verhaltensmuster beim Hund etabliert wird. Frühzeitig bedeutet, dass Sie das Verhalten nicht über Monate hinweg beobachten und auf „Selbstheilung“ hoffen. Die Chance, dass sich das Verhalten dann noch durch eine Kastration zum Besseren verändert, sinkt mit wachsender Erfahrung des Hundes, da ein großer Anteil mit fortschreitender Ausübung auch durch Übung und Erfolgserlebnisse geprägt ist. Allerdings haben wir auch schon bei älteren Hunden verblüffende (erwünschte!) Verhaltensänderungen nach der Kastration feststellen können. Auch um die Gefahr von Gesäugetumoren zu reduzieren, sollte die Hündin frühzeitig (nach der ersten bzw. zwischen der zweiten und dritten Läufigkeit) kastriert werden.

Nachteile der Kastration

Es gibt eine Reihe von Nachteilen bei der Kastration, z. B. Fellveränderungen (Fell wird weicher und stumpfer – tritt selten und nur bei langhaarigen Hunden auf), Inkontinenz (tritt in der Regel nur bei Hündinnen großer Rassen auf, bei Rüden möglich, aber selten), verstärktes Wachstum bei zu früher Kastration, da die Wachstumsfugen sich schlechter schließen.

Gewichtszunahme

Entgegen der landläufigen Vorurteile wird der Hund nicht zwangsläufig fett, träge oder dumm. Gerade das Erstere wird häufig behauptet. Unbestritten ist, dass bei manchen Hunden der Energiebedarf sinkt, da sie weniger Stress ausgesetzt sind. Schließlich ist es sehr frustrierend (und damit stressauslösend), wenn der Hund ständig durch den Geruch läufiger

Hält man Rüde und Hündin, sollte man sich früh Gedanken über eine Kastration von einem der beiden machen ...

Hündinnen in Erregung versetzt wird und sein dadurch gewecktes Instinktverhalten nicht befriedigen kann. Durch die Kastration nimmt man natürlich diesen Stressfaktor vom Hund. Die Nahrungsaufnahme ist vom Menschen zu regulieren und kann durch entsprechend weniger Futter (oder durch kalorienreduziertes Futter) und genügend Bewegung gesteuert werden.

Attraktivität für andere Rüden

Kastrierte Rüden werden manchmal von unerfahrenen oder hypersexuell motivierten unkastrierten Rüden bedrängt. Dies liegt daran, dass manche Rüden eine simple Gleichung aufstellen: Keine männlichen Hormone = Hündin. Meist hat der Kastrat jedoch keine Probleme damit oder lässt es nicht zu. Andernfalls sollten Sie den anderen Hundebesitzer bitten, seinen Hund zu entfernen. Übrigens kann eine gesteigerte sexuelle Attraktivität auch an Problemen mit den Analdrüsen liegen und gar nicht an der Kastration!

Unsichere Rüden

Bei unsicheren Rüden kann sich eine Kastration sowohl negativ als auch positiv auswirken. Wird der Rüde häufig als Prügelknabe benutzt, kann ihn eine Kastration „aus der Schusslinie“ der Raufer nehmen. Ist er hingegen generell unsicher, fehlen ihm evtl. die männlichen Hormone als Unterstützung seines Selbstbewusstseins.

Aggressivität bei Hündinnen

Hündinnen wird nachgesagt, nach der Kastration häufig noch aggressiver zu werden. Dies sollte unserer Meinung nach differenzierter betrachtet werden. Häufig sind Hündinnen, die zu ständigen Scheinschwangerschaften neigen, gestresst und aggressiv. In diesen Fällen verringert eine Kastration meist das Auftreten von aggressiven Verhaltensweisen. Sehr selbstbewusste Hündinnen hingegen können nach der Kastration durchaus noch „chefiger“ auftreten.

... will man ungewollten Nachwuchs verhinden.

KASTRATION BEI HÜNDINNEN

Auch eine Hündin wird heutzutage vorwiegend kastriert, d. h., die Gebärmutter wird entfernt. Eine Sterilisation hingegen bedeutet lediglich die Durchtrennung der Eileiter. Dadurch wird die Hündin zwar unfruchtbar, aber die Läufigkeit tritt natürlich nach wie vor mit allen Problemen auf, die sie mit sich bringt.

Wen sollte man im Rudel kastrieren?

Wenn nicht einer der eben genannten Gründe für die Kastration der Hündin spricht, würden wir Ihnen empfehlen, den Rüden kastrieren zu lassen. Zum einen ist die Kastration des Rüden ein medizinisch wesentlich kleinerer Eingriff als eine Kastration der Hündin, bei der die Bauchdecke geöffnet werden muss. Nach einer Kastration ist der Rüde daher in der Regel nach einem Tag wieder völlig munter und muss gebremst werden, damit er sich nicht übernimmt. Die Hündin hingegen benötigt eine deutlich längere Zeit, um sich von der großen Operation zu erholen. Zum anderen erleichtern die Verhaltensänderungen beim Rüden nach der Kastration das Zusammenleben meistens doch deutlich.

Kinder und Hunde sind ein prima Team. Allein lassen sollte man sie jedoch nie.

Junge Hündin – erwachsener Rüde

Wenn Sie zum erwachsenen Rüden eine junge Hündin mit ins Haus nehmen, können Sie den Rüden sofort kastrieren lassen. Warten Sie nicht bis zur ersten Läufigkeit der Hündin. Schon mehr als einmal wurde eine junge Hündin früher läufig als gedacht und schon mehr als einmal war gerade die erste Läufigkeit so unauffällig, dass sie vom Rüden wesentlich früher bemerkt wurde als vom Hundebesitzer.

Egal wie Sie sich nach einer ungewollten Deckung Ihrer Hündin entscheiden: Alle Folgen sind für die junge Hündin gesundheitlich nicht unbedenklich. Sowohl einen Wurf, das „Abspritzen" der Welpen durch den Tierarzt oder eine sehr frühe Kastration (womit dann gleich die ungewollten Welpen entfernt werden) sollten Sie Ihrer Hündin ersparen.

Erwachsene Hündin – junger Rüde

Haben Sie jedoch eine erwachsene Hündin und holen sich einen Rüden hinzu, gibt es einiges zu beachten.
Ist der Rüde bereits erwachsen, sollten Sie ihn sofort kastrieren lassen. Handelt es sich um einen Welpen, müssen Sie mit der Kastration selbstverständlich noch warten. Wann ein Rüde geschlechtsreif wird, lässt sich keinesfalls pauschal beantworten. Bei sich schnell entwickelnden Rassen kann dies durchaus schon mit vier bis fünf Monaten der Fall sein. Erwarten Sie zu diesem Zeitpunkt eine Läufigkeit der Hündin, müssen Sie entweder sehr gut aufpassen oder lassen die Läufigkeit der Hündin für dieses eine Mal hormonell unterdrücken. Anschließend kann der Rüde gegen Ende seiner Pubertät kastriert werden.

VOM EINZELHUND ZUM RUDEL

Eins, zwei, drei, ganz viele?

Kostenzunahme bei der Rudelhaltung

Wenn es noch einer mehr werden soll, gelten prinzipiell alle beschriebenen Vor- und Nachteile analog zur „Zwei-Hunde-Haltung". Allerdings steigern sich die Nachteile nicht unbedingt nur um einen weiteren Hund, sondern potenzieren sich gleich mehrfach. Auch die Kosten dürfen keinesfalls unterschätzt werden. Ein kleines Beispiel aus unserer Hundehaltung im vergangenen Jahr.

Beispiel für das Jahr 2004

Unser Australian Shepherd Shean erkrankte undefinierbar und zeigte neben allgemeiner Gereiztheit einen rapiden Abbau von Muskelmasse. Allein die Diagnose (mehrere Ultraschallsitzungen, Röntgenaufnahmen, diverse Blut- und Kotuntersuchungen) kostete etwa 1 200 Euro, die weitere Behandlung dann noch einmal mehrere hundert Euro. Hinzu kommt immer der Zeitaufwand für mehrere Tierarztbesuche.

Unser Schäferhund Zeppo erkrankte in seinem ersten Lebensjahr ungefähr viermal an schwerem Durchfall. Heraus kam schließlich – ebenfalls nach mehreren teuren Untersuchungen (allein ein „großes" Blutbild kostet an die hundert Euro) – eine starke Futtermittelallergie. Aufgrund dessen verträgt er nur noch das Allergiespezialfutter vom Tierarzt. Monatliche Futterkosten – nur für ihn! – etwa hundert Euro! Gegen Ende des Jahres stellte sich zusätzlich beim Hüftröntgen eine mittelschwere HD (= Hüftdysplasie, erbliche Erkrankung des Hüftgelenks) heraus. Die Vorsorge-OP (Denervation) kostete inkl. Röntgen ungefähr 800 Euro.

Ein Rudel macht viel Freude. Doch jeder dieser Hunde möchte auch Ihre Aufmerksamkeit.

Unser Border Collie Jordy schnitt sich beim Spaziergang die Pfote auf, selbstverständlich an einem Feiertag während eines Verwandtenbesuches. Fahrt in die nächste Großstadt in die 24-Stunden-Klinik mit Feiertagszuschlag, Nachsorge zu Hause. Flip, der Chihuahua, erfreut sich guter Gesundheit und kostete „nur“ die Impfungen, Wurmkuren, das Chippen sowie die Flohprophylaxe.

Insgesamt kosteten mich meine vier Hunde also im Jahr 2004 mehrere tausend Euro plus Futterkosten, Steuer und Haftpflichtversicherungen. Viele Mehrhundehalter kommen übrigens auf die nicht wirklich gute Idee, nur für einen Hund eine Haftpflichtversicherung abzuschließen, in der Absicht, im Schadensfall eben den versicherten Hund als Übeltäter anzugeben. Wir können Ihnen nur dringend davon abraten! Sie müssen davon ausgehen, dass die Versicherungen bei wirklich teuren Vorfällen immer sehr genau recherchieren.

Auch ein „kleines“ Rudel macht Spaß!

Hundespaziergänge

Der Hund ist ein kommunikatives Tier, was bedeutet, dass man auf dem täglichen Spaziergang oder in Hundegruppen schnell Gleichgesinnte trifft. Hieraus entstehen häufig auch Freundschaften – nicht nur zwischen den Hunden, sondern auch zwischen den Hundehaltern. Mit einem Hund kann man sich regelmäßig auch mit anderen Hunden und deren Menschen treffen, ohne dabei Schwierigkeiten mit der Aufsicht über den eigenen Hund zu bekommen. Haben Sie jedoch ein ganzes Rudel zu beaufsichtigen und beschäftigen, können Sie ein „Schwätzchen" mit befreundeten Hundehaltern vergessen. Ihre ganze Aufmerksamkeit wird von Ihren Hunden gefordert.

Verhalten der Hunde untereinander

Mit jedem weiteren Hund steigt die Gefahr immens, dass es Unfrieden im Rudel gibt oder für einen der Hunde die Belastung zu groß wird. Manche Hunde, die zu zweit wirklich zufrieden sind, kommen mit der ständigen Interaktion zwischen mehreren Hunden nicht mehr klar und sind deutlich gestresst. Auch Hände zum Streicheln, Erziehen und Beaufsichtigen müssen genügend vorhanden sein!

Je mehr Hunde es werden, desto stärker der Gruppeneffekt. Tendiert beispielsweise einer der Hunde zum Mobbing und lässt sich dabei evtl. noch gut kontrollieren, kann die Sache schon ganz anders aussehen, wenn drei oder vier Hunde gemeinsam hinter einem armen Opfer auf der Hundewiese herhetzen. Wollen Sie hier noch kontrollieren können, muss der Gehorsam wirklich exzellent sein und nicht nur „befriedigend"! Hat man aber ein „großes", gut funktionierendes Rudel, ist es wunderbar, mit einer ganzen Gruppe unterwegs zu sein und die Hunde zu beobachten!

„Hundeauto" im wahrsten Sinne des Wortes.

RUDELENTWICKLUNG BEI PETRA FÜHRMANN

In meinem Haushalt leben nun seit über 15 Jahren immer mindestens zwei, seit einiger Zeit jedoch vier Hunde.

Rebell, Langhaarschäfer, Rüde, geb. 1989

Rebell begleitete mich leider viel zu kurz. Er war und ist für mich der perfekte Hund (der mir immer noch fehlt). Leider war er ständig krank, inkl. schwerer HD auf einer Seite, die jedoch durch ein neues Gelenk perfekt behoben wurde, als er sechs Jahre alt war. Leider ist er nur 8 ½ Jahre alt geworden. Er war sehr gutmütig gegenüber Welpen und Junghunden, souverän bei erwachsenen Hunden und überhaupt problemlos im Umgang mit Mensch und Tier.

Shean, Australian Shepherd, Rüde (kastriert), geb. 1995

Shean kommt von einem Züchter und zog im Alter von acht Wochen, sehr gut geprägt und sozialisiert, bei uns ein. Zum damaligen Zeitpunkt lebte noch Rebell bei uns. Der Schäferhund war ein fast zu gutmütiger „Welpenpapa", der den jungen Australian Shepherd nahezu perfekt mit aufzog.

Shean räumt sein Spielzeug in eine Kiste.

Schwierigkeiten im Alter

Rebell war in seinen letzten beiden Jahren sehr krank und zum Schluss hin schon sehr hinfällig und nicht mehr in der Lage, sich gegen den aufstrebenden Shean zu wehren. In den letzten Monaten versuchte Shean massiv, Rebell auszugrenzen. Hätte ich nicht eingegriffen, wäre Rebell von Shean wohl „eiskalt" aus dem Rudel gemobbt worden. Selbstverständlich haben wir dieses Verhalten nicht geduldet, was sich aber als heikle Sache darstellen kann, wenn man seine Hunde nicht völlig im Griff hat. Übergriffe seitens Shean wurden von uns sofort gestoppt. Das war nicht weiter schwierig, erforderte aber sehr viel Beobachtung und Kontrolle beider Hunde. Konkret bedeutete dies, dass wir die beiden nicht mehr allein in einem Zimmer ließen, weil ich ernsthafte Bedenken hatte, dass Rebell von Shean angegriffen werden würde.

Nach dem Tod von Rebell rechnete ich eigentlich damit, dass Shean massiv auftrumpfen würde. Aber das Gegenteil geschah: Er war einige Wochen lang fast schon deprimiert, verwirrt und kleinlaut. Erst nach etwa drei Monaten trat er wieder sehr selbstbewusst auf. Auch bei dem vermeintlich so selbstbewussten Shean bewirkte also das plötzliche Fehlen eines Rudelmitglieds erst einmal eine Verunsicherung.

Jordy, Border Collie, Rüde (kastriert), geb. 1996

Jordi kam zu uns, als Shean etwa zwei Jahre alt war. Seine Vorbesitzer konnten ihn aus verschiedenen Gründen nicht mehr behalten und so landete er im Tierheim. Jordy war mir durch den Besuch einiger Stunden in unserer Hundeschule bekannt und ich besuchte ihn zusammen mit einem Bekannten, der ihn evtl. übernehmen wollte, im Tierheim. Jordy, der zu diesem Zeitpunkt nur einige wenige Tage im Tierheim verbracht hatte, war schon völlig verstört, hatte das halbe Tierheimpersonal gebissen und zeigte massive Angstaggression. Die Vermittlung kam leider nicht zustande und nach drei schlaflosen Nächten hatte ich meinen dritten Hund.

Border Collie Jordy.

Jordy in Action

Jordy war zum Zeitpunkt der Übernahme ziemlich genau ein Jahr alt. Er ordnete sich Rebell bereitwillig unter und freundete sich eigentlich sofort mit Shean an, der zu diesem Zeitpunkt noch nicht ganz zwei Jahre alt war. Leider zeigte er sich anderen Rüden gegenüber sehr aggressiv und schaltete angesichts von Hündinnen seinen Verstand völlig ab. Ich ließ ihn daraufhin kastrieren. Sein Verhalten normalisierte sich sehr schnell und er wurde sehr verträglich. Sämtliche Status„spielchen" von Shean sind ihm fast vollständig egal, solange er rennen und spielen darf. Das ist bis heute so geblieben, obwohl er jetzt schon fast neun Jahre alt ist.
Nach dem Tod von Rebell kam drei Jahre später Wolk (Langhaarschäferrüde, kastriert) zu uns. Wolk war zu diesem Zeitpunkt zehn Jahre alt, hatte acht Jahre an der Kette und zwei Jahre im Tierheim verbracht. Er war erst im Alter von zehn Jahren wegen Prostataproblemen kastriert worden. Wolk schaffte es sofort, Jordy unterzuordnen (auf den Rücken zu drehen), der nur kurz aufmuckte. Shean hingegen wehrte sich, was von Wolk dann auch sofort akzeptiert wurde. Er und Shean lebten ignorant nebeneinander her, ohne sich groß zu beachten. Nach drei Jahren ging auch Wolk in den Hundehimmel.
Barney, ein ca. 13jähriger Zwergdackel (Rüde, unkastriert) war sein Nachfolger. Er war recht selbstbewusst, wurde von Shean und Jordy jedoch nicht für voll genommen. Barney wurde fast 16 Jahre alt.

Zeppo, Langhaarschäfer, Rüde, geb. 2003

Im Jahr 2003 zog nach langen Jahren wieder ein Welpe bei uns ein. Shean und Jordy waren reichlich entnervt von dem Jungspund. Zeppo war von Anfang an wenig aufdringlich bei den beiden und akzeptiere die Vorrangstellung der inzwischen schon recht alten Rüden problemlos. Heute ist Zeppo fast erwachsen und hängt

Jordys Spielkamerad Zeppo

hauptsächlich an Jordy. Shean besteht nach wie vor auf seinem ersten Platz. Das wird von Zeppo völlig akzeptiert und wurde noch nie in Frage gestellt. Jordy hingegen wird von ihm nicht besonders ernst genommen, obwohl dieser ihn oft heftig zurechtweist, wenn er bei Rennspielen zu grob wird. Bei Shean versucht Zeppo erst gar nicht, irgendwie grob oder aufdringlich zu werden. Seine Vorrangstellung wird unbedingt akzeptiert.

Flip, Chihuahua, Rüde, geb. 2004

Im Jahr 2004 kam dann der vierte Hund. Flip und Zeppo sind sofort die besten Freunde geworden, die sehr viel zusammen spielen und kuscheln. Flip ist den älteren Rüden gegenüber insgesamt sehr unterwürfig und umgeht damit jede Zurechtweisung.
Derzeit besteht unser Rudel also aus Shean (fast zehn), Jordy (neun), Zeppo (anderthalb) und Flip (knapp ein Jahr). Es ist ungeheuer interessant, täglich die Kommunikation der Hunde untereinander zu beobachten, und gibt mir viel Gelegenheit, über Hundeverhalten Neues zu lernen.

Unser „Kleinster“ – Flip

Fütterung des Rudels

Das Verhältnis zwischen Shean und Jordy ist sehr freundschaftlich, auch wenn Shean häufig darauf besteht, die Oberhand zu haben. Er demonstriert dies durch Schnauzenbisse, insbesondere in Situationen, die ihm wichtig sind. Fange ich beispielsweise an, das Futter für die Hunde herzurichten, drängeln alle vor der Küchentür (die Küche ist tabu, da wir uns sonst mit vier Hunden darin nicht mehr bewegen könnten). Shean behauptet seinen vordersten Platz nachdrücklich und duldet keinen anderen Hund neben sich. Jordy steckt trotz des geringen Altersunterschiedes alle Zurechtweisungen klaglos ein. Irgendwie habe ich immer das Gefühl, ihm ist das eigentlich egal. Jordy würde es auch nie wagen, Shean irgendetwas Fressbares streitig zu machen. Shean hingegen bedient sich an gefundenen Äpfeln oder an Jordys Futterschüssel (wenn ich nicht aufpasse), ohne dass Jordy irgendwelche Einwände erheben würde.

Rangordnung

Rennen alle gleichzeitig nach einem geworfenen Spielzeug, hängt es von verschiedenen Umständen ab, welcher der Hunde es erlangt: Lässt Shean klar erkennen, dass er es haben möchte (er läuft dann zielstrebiger, es ist gut zu erkennen, wie wichtig ihm das Spielzeug in diesem Moment ist), laufen die anderen Hunde (obwohl manchmal schneller) am Spielzeug vorbei und überlassen es ihm. Einzige Ausnahme: Wenn Jordy einen sehr großen Vorsprung hat (mindestens zehn Meter), erhascht er es. Allerdings muss er dann damit rechnen, von Shean eine

Petra Führmann mit Shean, Zeppo, Jordy und Flip.

recht grobe Zurechtweisung zu erfahren und das Spielzeug weggenommen zu bekommen. Zeppo erlangt das Spielzeug nur, wenn sowohl Shean als auch Jordy kein Interesse daran signalisieren, und Flip versucht es erst gar nicht.
Shean legt im Alltag großen Wert darauf, dass er an jeder Stelle den Vortritt hat, und setzt dies auch gnadenlos durch. Er wirkt dabei oft ein wenig hysterisch und wenig souverän, wird aber von allen anderen Hunden als Ranghöchster akzeptiert und nie in Frage gestellt.

Kontaktliegen

Kontaktliegen zwischen den Hunden findet nur auf Initiative Sheans statt, d. h., er legt sich mit Körperkontakt zu Jordy. Umgekehrt duldet Shean nie, dass sich einer der Hunde in seine Nähe legt. Er legt größten Wert darauf, am nächsten bei mir zu liegen, und droht auch die anderen Hunde weg.

Privilegien

Flip hat wesentlich mehr Privilegien als die anderen Hunde: Er darf beispielsweise aufs Sofa und mit ins Bett, auch die Küche ist für ihn nicht tabu. Häufig darf er auf den Arm oder auf meinen Schoß und hüpft auch unaufgefordert hoch. Er ist trotzdem der Rangniedrigste und macht mir keinerlei Gehorsamsprobleme. Dafür gibt es zwei Gründe: Zum einen ist er vom Typ her sehr unterwürfig, sowohl Menschen als auch den älteren Hunden gegenüber. Zum anderen sind meine Hunde mir gegenüber klar eingeordnet. Außerdem sind alle so sicher in ihrem Sozialverhalten, dass Zurechtweisungen Flip gegenüber absolut angemessen ausfallen. Selbstverständlich achte ich darauf, dass keiner der Hunde zu kurz kommt, und versuche Shean regelmäßig das Gefühl zu vermitteln, der Wichtigste zu sein. Allerdings befinde ich mich damit immer auf einer Gratwanderung, denn er neigt bei zu viel „Verwöhnaroma" dazu, seine Gehorsamsbereitschaft doch etwas zu reduzieren.

Flip hingegen zieht aus seiner Bevorzugung keinerlei vermeintlichen Rechte: Er ist sehr gehorsam und kann beispielsweise beim Reiten frei mitlaufen (was auch seine Kondition erlaubt). Er beherrscht **PLATZ** auf Entfernung und auch sonst alles, was ein Hund meiner Meinung nach können muss. Wäre Flip nicht so unterwürfig und leicht zu handhaben, könnte ich es mir nicht leisten, ihn so zu verwöhnen. Insofern war er ein echter Glücksgriff für uns!

Unterschiedliche Charaktere

Jordy besteht auf einen respektablen Abstand.

Zeppo, der Schäferhund, ist noch sehr jugendlich und liebt nichts so sehr, wie mit Jordy zu rennen. Dieser hingegen ist sehr empört darüber, dass Zeppo tatsächlich auf kurze Distanz sein Tempo halten kann, und legt großen Wert darauf, dass Zeppo – wenn schon auf seiner Höhe – dann wenigstens mit mindestens ein, zwei Metern seitlichem Abstand von ihm läuft. Alle paar Tage vergisst Zeppo diese Regel und rempelt Jordy während des Rennens an, woraufhin er regelmäßig eine in unseren Augen reichlich heftige Tracht Prügel bezieht. Dies beeindruckt ihn jedoch nur mäßig (irgendwie wird Jordy von fast keinem Hund richtig ernst genommen) und er fängt bald wieder damit an.
Shean hingegen hat Zeppo zwar im Welpenalter absolut adäquat ein-, zweimal heftig zurechtgewiesen – seitdem aber nie wieder. Zeppo hat riesigen Respekt vor ihm und weicht schon auf einen strengen Blick von Shean hin aus. Nie würde Zeppo es wagen, Shean anzurempeln!

RUDELENTWICKLUNG BEI IRIS FRANZKE

Familie Franzke holte den Australian-Shepherd-Rüden Red im Alter von acht Wochen zu sich. Red war von klein auf unproblematisch mit anderen Hunden, eher zu unterwürfig. Als er erwachsen wurde, stellte sich heraus, dass er häufig Opfer der Attacken anderer Rüden wurde und entsprechend geschützt werden musste. Als er zwei Jahre alt war, entschloss sich die Familie zu einem weiteren Hund: Eine Australian-Shepherd-Hündin namens Li. Als der Entschluss stand, wurde Red kastriert. Zum einen, um ihn aus der „Schusslinie" anderer Rüden zu nehmen, und zum anderen zur Verhütung unerwünschten Nachwuchses. Red, der schon immer ein geduldiger Welpenonkel war, adoptierte Li vom ersten Tag an und umsorgte sie sehr reizend. Li, die sich mit zunehmendem Alter als sehr selbstbewusst herausstellte, übernahm im Alter von einem Jahr die Rudelführung. Red ordnete sich bereitwillig unter. Seine Kastration ergab das gewünschte Ergebnis, und er wurde immer weniger Opfer von Aggressionen.

Red zeigt Mücke deutlich, dass er gerade lieber mit Frauchen allein wäre (Foto links).

Li entwickelte leider im Alter zwischen ein und zwei Jahren ständige Scheinschwangerschaften und extrem häufige Läufigkeiten. Eigentlich war sie ununterbrochen läufig oder scheinschwanger. In dieser Zeit war sie extrem gereizt, vor allem gegenüber anderen Hunden. Es war nicht einfach, ein geeignetes Tief in ihrem Hormonhaushalt zu finden, während dessen sie kastriert werden konnte.

Eingliederung eines Welpen

Beide Hunde lebten jahrelang völlig problemlos zusammen, was hauptsächlich an der extremen Unterwürfigkeit des Rüden lag. Li entwickelte sich zu einem sehr schwierigen Hund, der oft eingeschränkt werden musste. Sie mag keine anderen Hunde, ihr Spielverhalten ist ausschließlich auf Red gerichtet. Als Iris den Welpen Mücke, einen Chihuahua, zu sich nahm, war dies für Li nicht einfach. Da sie generell sehr ungnädig gegenüber Welpen ist, musste sie einen Maulkorb tragen, wenn Mücke mit im Raum war. Aufgrund ihrer Unberechenbarkeit, wird sie wohl nie mit Mücke allein in einem Raum sein können, da eine Attacke aufgrund der „Größe" von Mücke sicher sehr unangenehm ausfallen würde. Mücke zeigte sich jedoch von Anfang an angemessen unterwürfig, sodass es zu keinen Auseinandersetzungen kam, was aber nur durch Lis sehr guten Erziehungsstand möglich war. Um beiden Hunden genügend Freiraum zu schaffen und auch Entspannung zu bieten, mussten beide lernen, problemlos in jeweils einem Körbchen warten zu können.

Rudelhunde sollten auch unbedingt Kontakt zu fremden Hunden haben.

Iris Franzke mit Red, Mücke und Li

Pubertät

Schon sehr früh entwickelte sich Mücke in Richtung Hypersexualität und versuchte in seinem Hormonwahn sogar Li zu bezirzen. Als er nach seiner Pubertät auch noch begann, sich wirklich größenwahnsinnig vor andere Rüden zu stellen und diese herauszufordern (mit knapp 3000 g Lebendgewicht!), entschlossen wir uns zur Kastration. Danach kehrte Ruhe ein und sogar Li ist inzwischen in der Lage, den Zwerg zu akzeptieren.

Zu einer so problematischen Hündin wie Li einen kleinwüchsigen Welpen hinzuzunehmen, ist eigentlich sehr unvernünftig. Es kann nur gelingen, wenn die Hündin zum einen sehr gut kontrollierbar ist und zum anderen strikt darauf geachtet wird, die beiden unter Beobachtung zu halten bzw. bei Abwesenheit des Besitzers zu trennen.

RUDELENTWICKLUNG BEI PERDITA LÜBBE-SCHEUERMANN

Zu unserem 1987 geborenen, kastrierten Labradorrüden Kestrel, der ein ausgesprochen sozial verträglicher Hund war, kam im Jahr 1992 Pebbles, eine Rottweilerhündin, als Welpe in unsere kleine WG hinzu. Die beiden haben sich ausgezeichnet miteinander vertragen.
Da Pebbels jedoch hormonellen Schwankungen unterlag, mussten wir sie aus medizinischen Gründen im Alter von anderthalb Jahren kastrieren lassen. Ihr schon zu Beginn aus der Unsicherheit heraus erkennbares Aggressionspotenzial wurde dadurch jedoch noch ausgeprägter. Fremde Hunde, insbesondere Hündinnen, hielt sie fortan auf Distanz.

Aus zwei werden drei

Im Jahr 1996 kam Oskar, ein Labradorrüde, als Welpe hinzu. Pebbels duldete Oskar und ignorierte ihn weitestgehend, Kestrel fand hingegen in Oskar einen neuen Spielgefährten. Die drei lebten harmonisch miteinander, wobei der kastrierte Kestrel als souveräner Rüde klar das Zepter „in der Pfote“ hielt. Die unsichere Pebbles orientierte sich während dieser Zeit stark an Kestrel. Oskar sah ihn hingegen scheinbar eher als eine Art „großen Bruder“ an.

... und vier

Der Chesapeake-Bay-Retriever Eos erweiterte im Jahr 1997 unsere Gemeinschaft. Eos zeigte sich als ausgesprochen agiler und gleichzeitig unsicherer Welpe, der sich ständig durchzusetzen versuchte, womit er aber aufgrund seines Alters nicht durchkam. Das brachte ihm den Status „das letzte Glied in der

Kette“ ein. Die Strukturen innerhalb der Gemeinschaft waren für alle klar erkennbar und das hündische Miteinander funktionierte problemlos.

Festigung der Rangordnung

Kestrel erkrankte 1998 an einem Lebertumor. Bis zuletzt orientierten sich die anderen Hunde in unserer Familie jedoch weiterhin ausnahmslos an ihm. Als Kestrel im Sommer 1998 verstarb, beanspruchte Pebbels den nun freien Platz innerhalb der Gemeinschaft für sich.
Eos versuchte als „Halbstarker“, seinen Status gegenüber Oskar neu zu definieren. Aus einem Beutespiel heraus verwickelten sich die beiden Rüden im Juni 1999 in eine starke Rauferei und mussten, um Schlimmeres zu verhindern, durch uns getrennt werden. Eos war körperlich überlegen und ließ sich durch den mental viel stärkeren Oskar nicht so einfach „die Wurst vom Brot“ nehmen. Die Strukturen wurden durch uns noch eindeutiger geregelt, indem wir die einzelnen Hunde in ihren jeweiligen Rollen festigten: Pebbels als „Chefin“, Oskar zwischen den beiden und Eos weiterhin als „letztes Glied in der Kette“.

Akzeptieren Sie die Rangordnung Ihrer Hunde und bestärken Sie den „Chef“.

Eos nutzte jedoch jeden noch so kleinen „Fehler“ um seine Position innerhalb des Rudels zu verbessern. In diesen Situationen mischte sich Pebbels stets ein und unterstützte Oskar gegenüber Eos.

Kleinere Reibereien

Um diese Stressphasen zu reduzieren, haben wir uns dazu entschlossen, Eos im März 2000 kastrieren zu lassen. Die Auseinandersetzungen reduzierten sich daraufhin und die Stimmung war insgesamt als entspannter zu bezeichnen. Hervorgerufen durch Beute oder Privilegienzugeständnisse entbrannten zwar weiterhin kleinere Streitereien, die jedoch stets im Rahmen blieben und von uns geduldet wurden.
Ende des Jahres 2002 ist dann Harvey, ein einjähriger Dackelrüde (kastriert), bei uns eingezogen. Er wurde zu Eos’ großem Freund. Beide spielten lange und ausgiebig. Die bis dahin üblichen Reibereien zwischen Eos und Oskar blieben während dieser Zeit aus.
Oskar und Pebbles duldeten Harvey zwar, aber beide demonstrierten ihm – z. B. durch das Wegdrängen am Wassernapf, das Belegen strategisch wichtiger Plätze und das Aufhalten in der Nähe des Menschen – ihre ständige Überlegenheit.

Australian Shepherd Red hat das Apportel aufgenommen …

Zwei Rüden unter sich

Als Pebbels dann schwer erkrankte, versuchte Eos erneut, seine Position innerhalb der Struktur zu verbessern. Eos spürte Pebbels Krankheit und versuchte nun, sie zu unterdrücken. Er fand immer wieder Anlässe, sie zu testen oder gar zu attackieren. Selbstverständlich haben wir sein Verhalten sofort unterbunden und unser Einwirken in die hündische Gemeinschaft entsprechend angepasst. Pebbels konnte so ihre letzten Tage weiterhin stressfrei als „Chefin" verbringen. Mit Pebbles Tod im Sommer 2003 und dem nur eine Woche späteren Ableben von Harvey, lebten Oskar und Eos in den vorhandenen Strukturen weiter, wobei wir fortan Oskar als den mental Stärkeren unterstützten.

In der Zwischenzeit kommt es zwischen den beiden zu kleineren Rangeleien, die stets von Oskar inszeniert werden, beispielsweise wenn er seine Kontrollfunktion gegenüber Eos wieder einmal demonstrieren möchte.

Stabilität durch eine Hündin

Im Oktober 2004 zog Hexe, eine 10jährige Rottweilerhündin, bei uns ein. Sie hat sofort, „prinzessinnengleich", alle Privilegien für sich in Anspruch genommen. Oskar und Eos akzeptieren das und unternehmen keinen Versuch, ihr diese streitig zu machen. Es könnte fast der Verdacht aufkommen, die beiden seien zufrieden damit, endlich wieder eine „Grande"-Madame in ihren eigenen Reihen zu haben. Und mit dieser Situation können wir alle sehr gut leben.

... und bringt es schnell zu seinem Menschen.

SERVICE

ZUM WEITERLESEN

Bloch, Günther

Der Wolf im Hundepelz. Kosmos, 2004

Die Pizza-Hunde. Kosmos, 2007

Auge in Auge mit dem Wolf. Kosmos, 2009

Feddersen-Petersen, Dorit

Hundepsychologie. Kosmos, 2004

Ausdrucksverhalten beim Hund. Kosmos, 2008

Führmann, Petra und Nicole Hoefs

Das Kosmos-Erziehungsprogramm für Hunde. Kosmos, 2006

Erziehungsspiele für Hunde. Kosmos, 2011

Führmann, Petra und Iris Franzke

Erziehungsprobleme beim Hund. Kosmos, 2004

Führmann, Petra; Nicole Hoefs und Iris Franzke

Die Kosmos Welpenschule. Kosmos, 2008

Kleine Hunde – große Freunde. Kosmos, 2008

Hoefs, Nicole und Petra Führmann

Was liest der Hund am Laternenpfahl?. Kosmos, 2007

Auf Hundepfoten durch die Jahrhunderte. Kosmos, 2009

Jones, Renate

Aggression bei Hunden. Kosmos, 2009

Schöning, Barbara

Hundeverhalten. Kosmos, 2008

Hundeprobleme. Kosmos, 2005

Schöning, Barbara; Nadja Steffen und Kerstin Röhrs

Hundesprache. Kosmos, 2004

VIDEOS UND DVDS

Führmann, P.; N. Hoefs und P. Lübbe-Scheuermann
Das Kosmos-Erziehungsprogramm für Hunde.
Kosmos, 2006

Leidhold, Joachim und Erika Trumler
Welpenentwicklung in einem Wildhunderudel (2 Teile)
Die Langnasen

Coppinger, Ray
Über die Evolution der Hunderassen

NÜTZLICHE ADRESSEN

Hundeschule Aschaffenburg
Petra Führmann und Iris Franzke GbR
Ernsthofstr. 14
63739 Aschaffenburg
Tel.: 06021-20156
Fax: 06021-219194
info@hundeschule-ab.de

Informationen über die Hundeschule
www.hundeschule-aschaffenburg.de

Adressen von kompetenten Hundeausbildern und -ausbilderinnen können Sie gern bei uns anfragen.

Alles rund um den Hund
www.hda-tierbedarf.de
www.hundeshop-ab.de

REGISTER

KOSMOS.

Wissen aus erster Hand.

Das Standardwerk

Mit den sanften Methoden dieses individuellen Erziehungsprogramms kann jeder Hund zu einem fröhlichen und gehorsamen Gefährten erzogen werden.

Führmann/Hoefs
Das Kosmos Erziehungsprogramm für Hunde
256 S., 400 Abb., €/D 26,90
ISBN 978-3-440-10638-9

Fürhmann/Hoefs/Lübbe
Das Kosmos Erziehungs-programm für Hunde
DVD, €/D 34,90*
ISBN 978-3-440-10816-1

Erziehungshilfe bei Welpen

Hundefreunde, die sich umfassend informieren möchten, finden hier alles rund um den Welpen: Wie finde ich den Hund, der zu mir passt? Wie bereite ich mich auf den Familienzuwachs vor? Die „Kosmos Welpenschule" geht auch auf rassespezifische Unterschiede ein und zeigt für jeden Welpen die richtige Methode.

Führmann/Hoefs/Franzke
Die Kosmos Welpenschule
256 S., 350 Abb., €/D 24,90
ISBN 978-3-440-11132-1

www.kosmos.de/heimtiere

Bildnachweis

Farbfotos von Thomas Höller/Kosmos (3: S. 17, 18, 19), Christof Salata/Kosmos (22: S. 50, 51, 52, 53, 66, 67, 68, 69, 92, 93, 97, 106, 107, 136), Sabine Stuewer (48: S. 26, 27, 28, 29, 40, 41, 43, 44, 45, 47, 60, 61, 64, 65, 76, 77, 82, 83, 102, 103, 110, 111, 114, 115, 122, 123, 126, 127, 128, 129, 130, 131, 132, 133, 146, 147). Alle weiteren 136 Fotos wurden eigens von Frau SabineStuewer/Kosmos für dieses Buch fotografiert.

Impressum

Umschlaggestaltung von eStudio Calamar unter Verwendung von vier Farbfotos von Sabine Stuewer (U1) und Sabine Stuewer/Kosmos (U4).

Mit 209 Farbfotos

Unser gesamtes lieferbares Programm und viele weitere Informationen zu unseren Büchern, Spielen, Experimentierkästen, DVDs, Autoren und Aktivitäten finden Sie unter **www.kosmos.de**

FSC www.fsc.org
MIX
Papier aus verantwortungsvollen Quellen
FSC® C084279

Gedruckt auf chlorfrei gebleichtem Papier

ISBN 978-3-440-09873-8
Redaktion: Hilke Heinemann
Gestaltungskonzept: eStudio Calamar
Produktion: Kirsten Raue/ Markus Schärtlein
Printed in Slovakia/ Imprimé en Slovaquie